오늘 배워 내일 쓰는 엔트러의 AI마케팅 솔루션

노트메이트 업무 자동화

이원준 저

데이터 크롤링, 마케팅, 텍스트 쓰기, 이메일,
AI 기반 업무 자동화까지!

DIGITAL BOOKS
디지털북스

오늘 배워 내일 쓰는 일잘러의 AI 마테크 솔루션

노코드 마케팅
업무 자동화

| 만든 사람들 |

기획 IT · CG 기획부 | **진행** 양종엽 · 박소정 | **집필** 이원준
표지 디자인 원은영 · D.J.I books design studio | **편집 디자인** 이기숙 · 디자인 숲

| 책 내용 문의 |

도서 내용에 대해 궁금한 사항이 있으시면
저자의 홈페이지나 디지털북스 홈페이지의 게시판을 통해서 해결하실 수 있습니다.

디지털북스 홈페이지 digitalbooks.co.kr
디지털북스 페이스북 facebook.com/ithinkbook
디지털북스 인스타그램 instagram.com/digitalbooks1999
디지털북스 유튜브 유튜브에서 [디지털북스] 검색
디지털북스 이메일 djibooks@naver.com
저자 이메일 meetme77@naver.com
저자 블로그 sooupforlee.tistory.com

| 각종 문의 |

영업관련 dji_digitalbooks@naver.com
기획관련 djibooks@naver.com
전화번호 (02) 447-3157~8

오늘 배워 내일 쓰는 일잘러의 AI 마테크 솔루션

노코드 마케팅
업무 자동화

브랜딩 마케팅에서 퍼포먼스 마케팅으로 관리자의 관심사가 바뀌면서 마케터들은 과거 그 어느 때보다 데이터의 수집과 분석, 통계의 이해, 코딩과 AI 등의 활용과 더불어 실질적인 운용 능력까지 요구받고 있다. 이는 전통적으로 마케터에게 요구되는 역량은 아니었지만 지금은 다르다. 이 역량 또한 마케팅 업무에 반드시 필요하다. 그러나 마케터들이 온라인 및 소셜 미디어 고객 관리에 더해 다양한 데이터를 기반으로 한 과학적 의사결정을 수행하는 업무까지 소화하는 것은 거북한 일이다. 창의적 발상이나 번뜩이는 아이디어 등 새로운 사고방식으로 고객들에게 놀랄만한 보랏빛 소Purple cow를 보여주는 것이 마케팅의 주된 역할이라고 믿어왔던 대다수의 마케터들에게 새롭게 요구되는 역량들은 기술에 대한 이해도가 필요한 영역이었으며, 대다수에게는 낯설고 어려운 현실일 수밖에 없었다.

과거에 데이터의 수집과 분석, AI의 활용과 같은 영역은 마케팅과 구분되는 기술 전문가의 영역으로 여겨졌다. 따라서 이러한 작업을 수행하기 위해서는 직접 코딩이 가능한 외부 전문가의 도움을 받거나, 혹은 스스로 학습하거나 개인적 역량 개발 노력을 통해서 자신이 코딩 전문가로 거듭나야만 했다. 패스트캠퍼스, 탈잉 등 직장인 교육을 위한 온라인 사이트가 성행하였고 많은 마케터들이 일과 후에 코딩 전문가의 모습을 꿈꾸며 자기 계발에 시간과 노력을 들였다. 그러나 비전공자가 기초가 탄탄하지 않은 상태에서 온라인 강의나 도서만으로 프로그래밍이나 알고리즘 전문가만큼 뛰어난 성과를 보이는 것은 결코 쉬운 일은 아니었다.

그럼에도 업무상의 필요성과 시장을 선도해야 하는 책임감에 마케터는 해내야만 했다. 자사와 경쟁사의 브랜드에 관하여 소비자들이 온라인이나 소셜 미디어에서 이야기하는 구전 정보를 모으기 위해서 파이썬이나 R 프로젝트 같은 낯선 언어를 배웠다. 충분치 않은 실력은 다른 사람들의 작업 과정을 모방하여 해결해나갔고, 시행착오 끝에 겨우 결과물을 만들어내기도 하였다. AI가 미래의 직업을 대체할 수 있다는 정보는 인터넷이나 방송을 통하여 익히 접하였고, 속속 도입되는 챗봇이나 인간을 대체하는 인공인간 인플루언서를 통하여 빠른 변화를 실감하고는 있지만, 코딩이라는 큰 장애물을 넘어서 자신의 업무에 이를 적용하여 업무 생산성을 높이는 것은 결코 만만한 일이 아니었다. 마케터가 브랜딩 업무를 넘어서 완전한 디지털, 온라인 마케터가 되는 과정에서 코딩은 항상 직시해야 하는 난제였고, 극복해야 하는 전환기의 과제였다.

게임 체인저, 노코드의 등장

이런 녹록치 않은 마케터의 일상과 현실에도 한 줄기 빛은 들어왔다. 바로 다양한 정보통신 기술이 발전하면서 코딩 자체를 불필요하게 만드는 노코드No-code가 시작되었다.

노코드는 일종의 업무 접근 방식으로, 코딩을 할 필요 없이 간단한 메뉴 조작이나 마우스 클릭만으로도 서비스를 개발하거나 업무에 필요한 분석을 수행할 수 있다. 과거 웹사이트가 보급된 인터넷 초기에는 HTML 코딩에 대한 기본적 이해 없이는 간단한 홈페이지 하나를 만드는 것조차도 불가능했다. 그러나 최근 홈페이지 제작에 필요한 모듈들을 만들어 제공하는 서비스들이 다수 등장하면서, 마우스를 드래그하거나 클릭하는 것만으로도 홈페이지 제작이 가능해졌다. 그 결과 홈페이지 제작 업무는 프로그래머의 고유 영역에서 마케터를 포함한 누구나 접근 가능한 영역으로 변화하였다.

이후 노코드로 가능한 업무 영역은 점점 빠르게 확대되고 있다. 단지 고객을 접하게 되는 웹페이지 같은 프런트엔드Front-end뿐만 아니라 백엔드Back-end와 비즈니스 생산성 도구들도 노코드로 전환되고 있다. 우선 프런트엔드에서는 웹사이트를 쉽게 만들 수 있는 윅스Wix, 워드프레스Wordpress, 그리고 노션Notion 같은 협업 도구가 보편화되었고, 전자상거래 쇼핑몰도 역시 쇼피파이Shopify 등 다양한 플랫폼이 노코드로 등장하고 있다. 한편 소프트웨어 개발이나 데이터베이스 구축 등의 업무가 진행되는 백엔드에서는 싱크트리SyncTree, 노코디비NocoDB, 데이터랜드Dataland 등의 노코드 솔루션들이 확산되고 있다. 그리고 마케팅 현장에서 사용되는 비즈니스 생산성 도구들 역시 노코드 기반으로 변화하고 있다. 노션, 태블로

Tableau 등 노코드 기반의 생산성 향상 도구나 세일즈포스Salesforce, 먼데이닷컴 Monday.com 등 CRM 도구들이 본격적으로 사용되고 있다.

여전히 하드 코딩을 해야 하는 복잡하고 어려운 일부 업무 분야를 제외하고, 노코드는 마케터의 업무를 보다 편리하고 스마트하게 변화시킬 것이다. 마케팅 업무의 진화는 마케팅 자동화와 고객별 개인화로 이어지고 있다. 이제 마케터들은 단순히 증가시킨 광고비와 노출 활동이 성과를 보장하지 못한다는 사실을 알고 있다. 또한 단순하고 반복적인 업무에 치중하는 것이 개인의 역량 증대와 발전에도 도움이 되지 않는다는 것도 느끼고 있다. 마케팅 자동화와 고객 관계 관리 효율화를 통하여 전반적인 성과를 향상시켜야 한다. 실제로 이런 자동화나 고객 맞춤화를 하기 위해서는 노코드를 통하여 마케팅 일상 업무의 상당 부분을 자동화하여야 할 것이다.

이 책은 노코드 기반의 많은 자동화 도구나 솔루션 중에서도 실질적인 마케팅 현장에서 당장 적용해볼 수 있고, 기대효과도 큰 도구들을 엄선하여 개념과 이용 방법을 소개한다. 이 책을 이용할 때 목차를 반드시 따를 필요는 없다. 먼저 필요한 부분만 골라서 봐도 좋고, 처음부터 끝까지 보아도 길지 않은 시간에 그 이론과 사용 방법을 쉽게 이해할 수 있다. 무엇보다도 마우스와 클릭만으로 과정과 결과를 모두 볼 수 있는 노코드이기 때문에 가능한 일이다. 짧은 시간을 투자해서 누구나 똥손도 금손이 되는 일당백 마케터가 될 수 있을 것이다.

일러두기

1. 기본적으로 국립국어원의 원칙에 따라 표기하되, IT 업계에서 익숙한 표기를 따르거나 전문용어로 간주하여 다른 방식으로 표기한 경우가 있습니다.

    (예) 타겟, 썸네일, 빅데이터

2. Chapter 06에는 미드저니, 런웨이와 같은 생성형 AI 플랫폼을 이용해 만든 이미지를 실었습니다. 그리고 새로운 이미지 생성을 위해 활용한 소재 이미지는 프리 소스 이미지입니다.

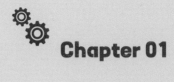

Chapter 01

마케팅 업무를
노코드 자동화로

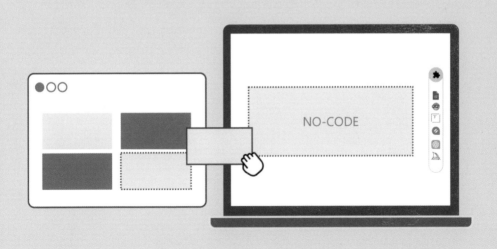

이른바 노코드No-code의 시대가 도래하였다. 다양한 정보기술과 마케팅 도구가 결합하여 등장한 마테크Martech 관련 솔루션과 시장규모가 급격히 성장하면서, 노코드 솔루션의 사용은 더 이상 선택이 아니라 필수가 되었다. 기업은 노코드를 활용하여 고객의 니즈 파악, 고객 여정의 분석, 마켓 센싱Market Sensing, 이메일 캠페인 자동화 등 다양한 업무를 수행할 수 있을 것이다. 노코드를 활용한 마케팅 자동화는 마케팅 비용 절감, 업무 효율성 제고, 생산성 향상, 손 쉬운 유지 보수 등 많은 장점을 가지고 있으며, 자원과 인력이 부족한 중소기업, 스타트업, 그리고 개인 사업자 등 다양한 계층에게 각광을 받고 있다.

마케터의 고민

디지털 온라인 마케팅 실무자가 있다. 대부분의 실무자들 일상이 그렇듯 새로운 마케팅 캠페인을 진행하기 위하여 고객 명단을 추려내고, 다수의 고객에게 마케팅 제안을 담은 이메일을 발송한다. 신제품이나 새로운 서비스 개발을 위하여 잠재고객들을 대상으로 설문 조사를 실행하고, 획득한 데이터를 통계 분석하여 데이터로 해석한 후, 자신의 마케팅 전략이 효과적임을 입증해야 한다. 또한 정형적인 설문 조사만으로는 결코 잡히지 않는 일반 고객의 생생한 목소리voc를 청취하기 위하여 기업의 SNS 채널을 관리하거나 인플루언서들의 인스타그램을 들여다보기도 한다.

어느덧 업무를 진행하다 보면 점심시간이 지나가고, 정신을 깨워줄 커피 한 잔과 함께 다시 컴퓨터 앞에 앉아 있다. 문득 새로운 마케팅 기획서 작성 마감 기한이 얼마 남지 않았음을 깨닫는다. 시장 세분화, 타겟팅, 포지셔닝, 소셜 미디어 및 온라인 전략, 콘텐츠 개발 등 자주 사용해오던 키워드들을 가져와 보고서를 그럭저럭 채워나가고 있지만 무엇인가 인사이트가 없는 것 같아서 허전하기도 하다. 또한 수시로 개발해야 하는 온라인 디스플레이 광고의 광고 문구, 해외에 보낼 온갖 서류와 업무 이메일 등을 처리하다 보면 퇴근 시간은 훌쩍 지나버린다.

퇴근 이후에도 온전히 자신만의 여유로운 저녁은 아니다. 전문 마케팅 도서를 토론하는 오프라인 독서 모임에 참여하거나 혹은 온라인 강좌를 통해서 최근 강조되는 그로스 해킹이나 퍼포먼스 마케팅 분야의 자기 계발을 하려고 했지만 그럴 에너지가 남아 있는지 모르겠다. 매일 반복적으로 처리해야 되는 업무에 이리저리 치이다 보면 한 달, 일 년이 훌쩍 지나가고, 많은 일을 했지만 자신만의 역량이나 업무 특기라고 할만한 것도 별로 없는 것 같다. 아마 당장 내일 그만두더라도 누군가가 대신 들어와서 내 일을 큰 무리 없이 해낼 것 같다.

이제는 남들과 다른 자신만의 전문 역량을 쌓아가고 싶다. 그러기 위해서는 요즘 주목 받는 AI인공지능나 빅데이터 분석, 프로그램 코딩 등을 배워서 업무에 적용해야 할 것 같지만, 학습에 투자할 시간이 너무 없고, 설사 배운다 하더라도 이제 처음 배우는 초보자가 해당 분야의 전공자만큼 성과를 낼 수 있을지 의구심도 자연스럽게 든다.

마케팅 테크의 등장

정보기술과 다양한 마케팅 도구의 등장으로 업무 환경은 점차 더 편리하고 효율적으로 변화하고 있다고는 하는데, 실제 마케터의 업무 시간은 줄지 않고 오히려 증가하였다. 서비스 기획자, 광고 마케터, 혹은 콘텐츠 제작자 간에 상관없이 마케터는 항상 바쁘다. 많은 사람들이 분업을 통해서 업무를 분담하는 대기업이 아니라 벤처기업이거나 1인 창조기업이라면 한 사람이 여러 사람 몫의 일을 하는 것이 당연하게 여겨지기도 하고, 이를 능히 감당하는 체력에 더하여 지식과 능력이 요구되기도 한다. 신입 사원 모집공고에 몇 년차 마케터는 되어야 감당할만한 자격 조건이 종종 걸리는 것은 더 이상 심심풀이 이야기 소재도 안 된다.

하지만 단지 더 많이 고민하고, 더 오래 사무실에 남고, 더 열심히 일하고 뛰어다닌다고 업무 성과가 나아지지는 않는다. 감당할 수 없을 만큼 많은 일이 다양하게 쏟아질 때, 열심히 하는 것보다 잘하는 것이 당연히 요구될 때, 이제는 업무 방식을 바꾸어야 한다. 마케팅 업무를 자동화하고, 복잡하고 배우기 어려운 업무도 손쉽게 처리하는 노코드 기반의 마케팅 테크놀로지, 즉 마테크Mar-tech를 적극 활용하여야 한다.

마테크 관련 시장은 빠르게 성장하고 있는데, 기술 분야의 시장조사 기관인 LXA에 의하면 전 세계 관련 시장의 규모는 2019년 1,210억 달러($)에서 2022년 5,098억 달러($)로 급증하였다고 한다. 또한 치프마테크닷컴(chiefmartec.com)의 보고서에 따르면, 마테크 관련 솔루션을 공급하는 기업이 8,000곳 이상이며, 2011년부터 2020년까지 지난 10년간 관련 기업들의 증가율은 5,233%에 달할 정도라고 한다. 그리고 마테크 솔루션은 데이터 솔루션뿐만 아니라, 마케팅 관리, 소셜 네트워크 및 고객 관계 구축, 전자상거래와 영업, 콘텐츠 및 고객 경험, 광고 촉진 등 다양한 분야에서 활용되고 있다. 이제 사실상 마테크를 활용하지 않는 기업들은 찾아보기 어려울 정도로 **마테크 사용은 더 이상 선택이 아니라 필수**가 되었다.

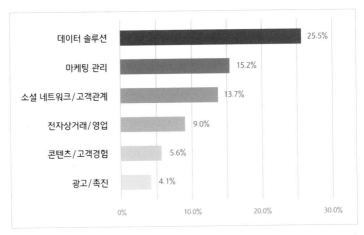

[그림 1-1] 2011년 ~ 2020년 전 세계 마테크 솔루션 분야별 성장 (데이터 출처: chiefmartec.com)

노코드 기반의 마케팅 자동화

노코드 기반의 마테크의 장점

노코드 기반의 마테크는 이미 개발된 디지털 마케팅 플랫폼과 새로운 기술들을 활용하여 저비용, 고효율을 실현하고 극적인 성장을 이루어내기 위한 마케팅 전략이자 실행 수단이다. 이를 업무에 도입했을 때 기대할 수 있는 점은 다음과 같다.

■ **마케팅 업무의 효율성 제고**

노코드 관련 도구들을 이용하면 기존에 수작업으로 진행했던 반복 작업들을 쉽게 자동화할 수 있으며 작업 시간의 단축, 업무 효율성의 강화 등이 기대된다. 작업 시간의 단축으로 시간과 비용을 절약할 수 있는 것도 큰 장점이지만, 특히 과거 전문 인력이 주로 하던 고도의 업무를 누구나 손쉽게 할 수 있다는 것은 상시적인 전문 인력 부족에 시달리는 기업들에게 반가운 소식일 것이다.

▪ 높은 생산성

노코드 도구를 이용하면 복잡한 코딩 작업 없이도 마케팅 자동화를 수행할 수 있다. 이를 통해 프로그래머나 개발자의 참여 없이 마케팅 팀에서 직접 자동화 작업을 수행할 수 있으며, 생산성이 향상된다. 많은 기업이 애자일Agile 경영이나 스크럼Scrum 조직을 구축하는 방식으로 유연하고 민첩한 조직을 만들기 위하여 노력하고 있으며, 개발자와 마케팅의 협업을 장려하고 있다. 그러나 애자일 프로세스는 구성원의 자기 업무 몰입을 저해하기도 하고, 지나친 의존은 업무 속도를 저하시킨다. 이런 이유로 협업 노력과 더불어 마케팅 인력에게 간단한 코딩이나 디자인을 직접 할 수 있는 능력까지 요구되는 추세이다.

▪ 사용자 친화성과 쉬운 유지보수

노코드 도구를 활용한 관리나 서비스 개발은 사용하기 편리하며, 전문 개발자의 참여를 최소화한 형태로 진행될 수 있다. 노코드 도구들은 대부분 사전에 준비된 모듈이나 기능들을 단지 마우스를 클릭하여 불러오거나 드래그 앤 드롭Drag and Drop 형태로 간단하게 이루어진다. 노코드 도구를 이용하면 다양한 마케팅 솔루션이나 마케팅 자동화 시스템을 쉽게 관리하고 유지보수할 수 있으며, 마케팅 관리자의 의도와 계획에 맞도록 업무를 진행할 수 있다. 이는 개발자의 참여가 적더라도 비즈니스 사용자가 자신의 업무에 맞춰 손쉽게 수정하거나 관리할 수 있다. 이를 통해 유지보수 비용과 시간을 절약할 수 있다.

▪ 마케팅 비용의 절감

오픈 소스 형태로 개발된 무료 노코드 도구들이 적지 않으며, 유료 모델이 있더라도 구독 형식을 기반으로 하기에 비교적 초기 도입 비용이 매우 저렴하다. 기존의 많은 개발들이 시스템 통합SI: System Integration 작업 형태로 기업에 도입되거나, 이의 관리와 운영을 위해서는 전문적 교육을 받은 외부 컨설턴트의 도움이 필요한 것에 비하면 비용적 부담은 한층 경감되었다. 그 결과, 중소기업은 물론이고 스타트업이나 1인 기업들도 전문적인 마테크 솔루션들을 큰 부담없이 도입하여 운영하는 것이 가능해졌다.

노코드와 체계적 퍼널 관리

마케팅이 온라인, 디지털 마케팅으로 전환되면서 고객 퍼널Custommer Funnel을 구축하고, 이를 통하여 고객 여정을 순조롭게 이끌어 전환Conversion을 달성할 필요성이 강조되고 있다. 고객 퍼널 혹은 고객 깔대기는 최초로 유입된 고객이 기업이 목표로 하는 최종 단계에 이르기까지의 모든 여정을 설계하고 관리하는 것을 목표로 한다. 기업의 업종이나 판매하는 상품의 종류에 따라서 고객의 구매 여정은 조금씩 달라질 수 있다. 예를 들어 온라인 쇼핑몰은 처음 쇼핑몰 웹사이트 주소나 브랜드를 알리는 것에서 출발해서 최종 목표는 장바구니 담기 혹은 결제 등이 될 수 있을 것이다. 반면에 오프라인으로 서비스를 제공해야 하는 음식점은 인스타그램 등 소셜 미디어에서 대중의 관심을 끄는 것으로 시작해서 최종적으로는 매장에 방문하여 주문한 후 다시 온라인에 구전을 퍼트리는 보다 복잡한 과정이 될 수도 있다.

그런데 고객의 구매 여정이 이렇게 제각각 다름에도 불구하고, 모든 퍼널은 입구는 매우 넓고 전환을 추구하는 퍼널 하단으로 갈수록 점점 좁아지는 깔대기의 모습을 가지고 있다. 퍼널의 초입에는 단순히 호기심이나 관심을 가지고 있는 잠재 고객Lead에 불과하지만, 이들은 점차 가망 고객Prospect, 구매 고객Customer이 될 것이다. 퍼널은 마케팅의 목표와 대상 고객들을 명확하게 보여주고, 단계별로 필요한 마케팅 전략의 수립과 도구의 활용을 가능하게 해준다는 점에서 각광을 받고 있다. 퍼널의 주요한 단계를 어떻게 구성할지에 관하여 AIDAAttention-Interest-Desire-Action 퍼널, AARRRAcquisition-Activation-Retention-Referral-Revenue 퍼널 등 사례들이 존재하지만, 노련한 마케팅 관리자들은 자신의 업무에 적합한 퍼널을 직접 구축하여 관리하기도 한다.

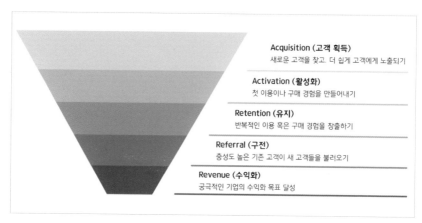

[그림 1-2] AARRR 퍼널

과거에는 매출, 고객 만족도, 이익 등 기업의 최종적인 목표만을 강조하고 단선적 마케팅을 했다면, 효과적인 퍼널을 구축하고 퍼널별 목표에 따라 성공적인 마케팅을 수행한다는 것은 이제는 너무나 당연한 일이 되어버렸다. 누구나 하고 있거나 도입을 검토하는 디지털 마케팅의 기초가 되었다. 그러나 인력과 자원이 부족하고 관련 기술과 노하우에 대한 경험치가 높지 않을 경우에 퍼널은 마케팅 활동의 복잡성을 더해줄 뿐이다. 더 많은 복수의 목표, 단계별 실행 프로그램의 개발, 그리고 이를 지원해주는 더 많은 솔루션이 필요하기 때문이다.

목표가 바뀌고 마케팅 전략의 복잡해진다면 마케팅 솔루션이나 업무 방식도 바뀌어야 한다. 노코드는 이에 대한 해답을 제시해준다.

■ 고객 획득

우선 퍼널의 첫 단계에서는 새로운 잠재 고객을 확보하고 이들의 니즈Needs와 원츠Wants를 이해하는 것이 첫 단추이다. 이를 위해서는 고객과 시장을 분석하고 이해하려는 노력이 필요하다. 이를 위하여 소비자를 대상으로 설문 조사 등 서베이를 진행하고, 대중의 의견을 확인하는 작업이 필요하다. 구글 폼즈를 이용한 온라인 서베이의 진행은 주로 숫자와 통계로 구성된 정형화된 데이터의 수집과 분석, 통계 처리가 가능하다. 구글 폼즈로 확인한 고객 의견은 새로운 상품이나 서비스를 개발하거나 고객의 불만이나 충족되지 못한 니즈를 체계적으로 수집하게 해줄 것이다. 또한 텍스톰Textom 등 웹 스크롤링이 가능한 빅데이터 도구는 인터넷과 소셜 미디어, 뉴스 등 다양한 정보 소스에 넘쳐나도록 존재하는 사용 후기, 댓글, 관련 뉴스 등 비정형적 데이터를 수집하게 해준다. 이를 통하여 감춰진 고객의 욕구와 심리를 한층 더 쉽게 이해하고, 이들을 유입시키기 위한 고객 이해의 단초를 얻을 수 있을 것이다. 고객 데이터에 기반한 광고 채널을 결정하거나 구체적인 광고 문구, 슬로건, 브랜드 개발, 상품의 소구 가치 결정, 가격 수준에 대한 조정 등에 있어서 활용성이 높은 기초 자료를 확보할 수 있다.

■ 고객 활성화

단순한 관심이나 흥미를 행동으로 전환하는 것은 어려운 일이다. 이 과정에서 많은 고객의 이탈이 발생한다. 관심 고객을 최초의 구매까지 연결시키기 위해서는 다소 지속적이고 끈질긴 설득과 마케팅 노력이 필요할지도 모른다. 이런 목적을 달성하는 데 있어서 최적의 방법 중 하나는 이메일 주소, 전화 번호 등 고객 DBDatabase를 기반으로 전개되는 데이터베이스 마케팅이다. 이메일 캠페인을 자동화해주는 메일침프MailChimp나 스티비Stibee 같은 노코드 솔루션들은 마케팅 자극을 바꿔가며 더 높은 퍼포먼스를 낼 수 있는 방법을 찾아내는 A/B 테스트나 전환 목표를 달성할 때까지 계속 마케팅 광고를 발송하는 자동화된 캠페인을 지원한다. 최초의 관심을 보인 고객에게 추가적인 제안이나 상세한 정보를 지속적으로 제공함으로써 고객의 활성화가 가능할 것이다.

■ 고객 유지

최초의 구매가 재구매로 이어지기 위해서는, 즉 충성도 높은 고객을 만들기 위해서는 구매나 이용 경험의 만족도를 높이거나 반복 구매하는 고객에게 혜택을 주는 시스템 장치의 구축이 필요하다. 이는 충성 고객Loyal Customer을 분석하고 이들의 구매 특성을 분석함으로써 가능하다. 머신러닝은 과거 고객의 구매나 행동 등 반응 데이터를 투입하여 훈련시킴으로써, 이들의 재구매 가능성을 분석하거나 우수 고객만의 특성을 확인할 수 있다. 혹은 고객의 분류와 세분화를 통하여 어떤 고객 집단에 우선적으로 마케팅을 집중하여야 할지 확인할 수 있으며, 고객의 구매 가능성을 스코어링Scoring하여 예측하는 것도 가능하다. 그러나 마케팅 관리자가 이런 머신러닝을 하기 위해서는 과거에는 파이썬Python 등 관련 프로그래밍 언어를 이해하고, R 프로젝트R Project 등 통계적 분석 도구를 활용해야 하는 기술적 장벽이 존재하였다. 그러나 오렌지Orange 같은 친근한 노코드 머신러닝 도구의 활용은 머신러닝을 누구나 실행하고 누구나 분석할 수 있는 과정으로 바꾸어주었다.

▨ 구전과 수익화

한 명의 충성 고객이 중요한 이유는 그들이 직접적으로 기여하는 수익보다는 그들이 소개해주는 새로운 신규 고객의 가능성에 있다. 충성 고객의 가치는 그들 개개인의 지갑보다는 인스타그램, 페이스북 등 소셜 미디어를 통한 구매 경험의 포스팅, 익명의 다수에게 노출되는 댓글에 있다. 구전의 확산으로 인해 기업은 다시 퍼널의 입구로 많은 사람들을 모을 수 있고, 퍼널 수익의 순환 구조는 완성된다. 이런 과정에 필수적인 요소가 매력적인 웹사이트, 브랜드 커뮤니티 앱, 그리고 흡인력 있는 콘텐츠이다. 그러나 실상은 한번 웹사이트를 구축하거나 커뮤니티를 구축한 이후 콘텐츠를 개선하거나 디자인을 업데이트하는 등의 노력은 생각보다 어려운 일이다. 창의적인 콘텐츠를 구축하는 것도 어려운 일이지만, 사진이나 동영상 편집, 제작 등으로 가중되는 업무의 양이 적지 않기 때문이다. 그러나 최근에는 생성형 인공지능이 SaaSSoftware as a Service 형태로 누구나 이용 가능한 서비스로 변화되면서 고객 전환을 촉진할 수 있는 콘텐츠 제작이 빠르고 신속하게 이루어질 수 있게 되었다. 챗GPTChatGPT를 이용하여 콘텐츠를 제작하고, 이에 걸맞은 디자인은 미드저니Midjourney나 달리DALL-E 같은 이미지 제작 AI가 신속하게 제작해준다. 또한 AI 서비스의 활용을 통하여 항상 콘텐츠 작업 때마다 고민이었던 저작권 문제도 상당 부분 회피할 수 있게 된 것도 큰 혜택이라고 할 수 있을 것이다.

그러나 노코드도 만능은 아니다

노코드의 편리성은 다른 업무 방식이 따라올 수 없지만 이 역시 만능은 아니다. 업무가 요구하는 목적과 내용을 고려하여 노코드 도구를 활용할지 전문적인 개발이나 프로그래밍이 필요할지 검토하는 과정이 필요하다. 그리고 코딩이나 프로그래밍에 대한 기본 지식이 있는 편이 노코드 업무를 빠르게 이해하고, 노코드 업무의 확장이 필요할 때 보다 넓은 시야로 업무를 계획할 수 있을 것이다. 노코드 활용에 여전히 존재하는 한계점들은 다음과 같다.

■ 템플릿 사용의 제약

마우스나 간단한 명령 도구만으로 작업이 가능한 대부분의 노코드 도구는 고정된 형태의 템플릿을 제공하는 경우가 많다. 다양한 상황과 사례에 활용할 수 있는 템플릿을 제공하는 것은 노코드 도구의 큰 장점이지만 자신만이 원하는 방식으로 작업 결과를 커스터마이징하거나 다른 사람들의 결과물과 차별화하는 데는 한계가 있다. 또한 이용자는 템플릿이나 명령 도구가 제공하는 것 이상의 기능을 원하거나 유연한 작업 방식을 원할지도 모른다. 노코드는 이런 요구를 대응하기 어려운 점이 있다.

■ 정보의 공개와 업무 보안

대부분 노코드 도구는 SaaS 형태로 작동되는데, 이는 이용자가 노코드 플랫폼을 소유한 제3자인 사업자에게 많은 부분을 의존하며 개인적 정보나 업무 결과를 제공하고 있음을 의미한다. 작업자의 노코드 이용을 통하여 모든 것을 완전히 통제하거나 필요 이상의 부담을 가지지 않아도 된다는 것은 큰 장점이지만, 이런 형식의 작업 방식은 보안 문제를 야기할 수 있다. 만일 사용 중인 노코드 도구나 플랫폼이 해킹을 당하거나 경영상의 이유로 서비스를 중단 혹은 폐지할 경우 이로 인한 손해는 이용자의 몫이 될 수 있다. 또한 일부 노코드 도구들은 이용자의 동의 하에 작업 결과를 갤러리 형태로 공유하기도 하는데, 이로 인하여 데이터 보안이나 저작권, 업무 노하우 누설 등의 잠재적 문제가 제기될 수도 있다.

평생 직장의 개념이 사라지면서 직장인들은 더 높은 연봉, 더 나은 근무 환경을 위하여 끊임없이 학습하고 배워야 하는 시대가 되었다. 특정한 전문 지식을 알고 있거나 성과를 낼 수 있는 도구를 활용할 수 있다는 것은 높은 몸값의 보증 수표로 여겨졌다. 그러나 비교적 쉽게 배우고 업무에 적용 가능한 노코드 도구의 확산이 이런 선순환 구조를 약화시킨 것도 사실이다. 디지털 전환을 빠르게 달성해야 하는 기업들 역시 내부 전문 인력을 수고롭게 키우기보다는 노코드나 자동화 솔루션을 통하여 혁신을 달성하려고 한다. 이런 현상은 단순하고 반복적인 업무에는 노코드가 적절한 솔루션이 될 수 있지만, 사용 난이도가 높고 복잡하며 맞춤화된 솔루션에 대한 요구가 증가하였을 때 조직과 구성원이 기대에 부응하지 못하게 하는 원인이 될 수 있다. 따라서 노코드를 통하여 업무의 생산성과 편리성을 누리는 것에 안주하지 않고, 지속적인 기술 트렌드를 이해하면서 다양한 업무 능력을 배양하기 위한 노력을 거듭해야 함을 개인은 물론이고 기업도 망각해서는 안 될 것이다.

노코드 마케팅 자동화, 어떤 도구로 시작해야 할까?

미래의 마테크 발전을 촉발할 수 있는 기술적 환경은 더욱 성숙하고 있다. 특히 AI, 웹 3.0Web 3.0, 가상 현실VR과 같은 기술의 대두와 손쉬운 이용 환경은 주목할 만하다. 머신러닝이나 생성형 AIGenerative AI를 이제 인터넷이나 일상 생활에서 만나는 것이 드물지 않게 되었고, 웹 3.0 기술은 보다 지능화되고 개인 이용자에 맞춤화된 정보를 제공하고 있다. 누구나 손쉽게 개발 환경에 접근할 수 있는 API와 노코드 인터페이스 덕분에 앱이나 솔루션 개발은 과거 그 어느 때보다 간단하고 쉬운 작업이 되었으며, 누구나 나만의 서비스를 만드는 것도 가능해졌다. 그 결과 오늘날 마테크에 특화된 노코드 기술이나 상용 솔루션은 매우 다양하며, 주로 기업이 운영하는 웹사이트의 방문자 행동을 모니터링하거나 분석하는 도구, 자동화된 마케팅 캠페인을 보조하는 도구, CRM 같은 고객 솔루션, 대량 이메일 발송과 고객 데이터베이스 관리 플랫폼, 성과 중심형 온라인 광고

플랫폼 등 다양하며, 더 나아가 오픈AI의 챗GPT나 구글의 Bard처럼 AI 챗봇이
나 관련 기술들을 활용하는 서비스 등이 존재한다.

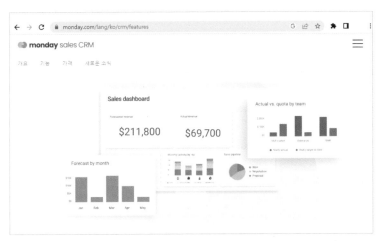

[그림 1-3] monday sales CRM 서비스 예시 (출처: monday sales CRM 홈페이지)

이처럼 다양한 서비스가 존재함에 따라 노코드가 가능한 마테크 도구들을 처음
접하고 단순 노동이나 비효율적인 업무를 자동화하려고 할 때 가장 먼저 드는
생각이 **어떤 마테크 도구를 선택해야 하는가**이다. 단순히 주변에 물어보거나 검
색만 하더라도 상당히 많은 도구들이 나타날 뿐만 아니라 지금 이 순간에도 새
로운 솔루션을 개발한 신생 업체들이 우후죽순처럼 등장하고 있기 때문이다.
종류도 많고 기능도 각기 다를 뿐만 아니라 비용도 완전 무료에서 월정액 모델
에 이르기까지 다양하다. 그렇다면 어떤 도구로 시작해야 할까?

도구 선택 시 고려할 점

도구가 자신의 업무에 어떤 방식으로 적용될 수 있고, 현재의 업무 프로세스나
결과물에 긍정적 영향을 줄 수 있는지를 먼저 파악하는 것이 중요하다. 유명한
것을 추종하거나 다양한 도구들이 제공하는 신기능에 매혹되지 않도록 주의하
자. 아무리 좋은 성과를 내고 많은 성공적인 레퍼런스를 보유한 서비스라도 자
신의 업무나 수준에 적합하지 않다면 의미가 없다.

또한 처음부터 지나치게 복잡하거나 다양한 기능을 가진 도구들, 사용 요금이 부담되거나 초기 투자비용이 과다한 도구 사용은 자제하도록 하자. 자동차가 전기차로 바뀌고 다양한 옵션이 추가되는 혁신은 반길 일이지만 차량 구입 후 폐차까지 한 번도 사용하지 않은 기능, 혹은 존재조차 모르는 기능들 때문에 차량 가격이 오르는 것을 원하는 사람은 없을 것이다. 너무 다양하고 광범위한 기능을 제공하는 도구들은 배우기도 쉽지 않을뿐더러 비싼 서비스 이용료를 감당하기도 어려울 것이다.

이 책에서 다룰 노코드 도구

이 책을 보는 여러분은 대부분 노코드 도구를 처음 경험하거나 경험이 많지 않을 것이라 생각한다. 그래서 사용법이 간단하며 업무에 바로 활용하기 좋은 것들을 위주로 소개하고(각 챕터의 '금손 도구 소개' 참조), 간단한 실습을 통해 노코드 도구의 사용법을 알아볼 것이다. 금방 익힐 수 있으니 누구든지 오늘 배우고 내일 마케팅 현장에서 활용하는 것이 가능할 것이다.

이 책에서 다룰 노코드 도구는 다음 기준을 우선으로 하여 골랐다.

* 비용 부담이 적을 것 (무료이거나 기업에 큰 부담이 되지 않는 유료 상품)
* 마케팅 실무에 자주 활용할 수 있으며 강력한 성능을 가질 것

실습에 사용할 노코드 도구는 아래에 정리하니 참고하길 바란다. (각 도구의 특징과 자세한 사용법은 해당 챕터에서 설명한다.)

* 서베이 리서치 자동화 - 구글 폼즈(Google Forms)
* 머신러닝 데이터 분석 자동화 - 오렌지(Orange)
* 빅데이터 기반 텍스트 분석 자동화 - 텍스톰(Textom)
* 이메일 캠페인 자동화 - 스티비(Stibee)
* AI 기반 업무 자동화 - 챗GPT(ChatGPT), 미드저니(Midjourney), 런웨이(Runway)

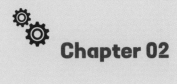

Chapter 02

서베이 리서치
자동화

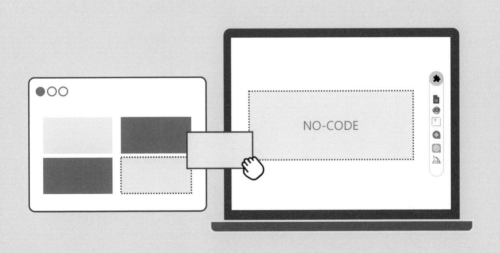

구글 폼즈Google Forms를 활용하여 시장과 소비자에 대한 생생한 데이터를 쉽고 빠르게 수집한 후, 기초적 분석을 할 수 있는 도구를 배운다. 그리고 실습을 통해 구글 폼즈의 활용법을 직접 배워본다. 이는 항상 시장과 소비자를 조사하고 경쟁자를 경계해야 하는 신입 마케터뿐만 아니라 내부 직원의 의견을 조사하고 간단한 이벤트 행사, 온라인 퀴즈나 시험 출제 등을 진행하여야 하는 사내 유관 부서의 담당자에게 유용할 것이다. 또한 나쁜 설문지로 물어본 질문으로는 결코 좋은 데이터를 획득할 수 없다. 서베이Survey 조사의 품질 향상에 필요한 설문지 작성의 기본적인 지식과 주의 사항 등 실무 팁도 함께 배울 것이다.

2.0   어떤 상황에서 사용될까?

사례 1 신상품 개발을 위한 서베이 리서치

H사는 2030 세대의 입맛에 맞는 새로운 맥주를 개발하고자 한다. 그러려면 소비자들의 변화된 취향을 이해해야 했기에 신문 기사나 보고서, 도서 등을 활용한 사업 계획서 작성을 계획하였다. 그런데 문제가 있었다. 자료들은 2030의 라이프스타일에 대한 특징이나 소비 패턴을 대략적으로 이해하는 데 어느 정도 도움이 되지만, 기업의 제품인 맥주 소비 시장에 대한 직접적인 언급은 매우 드물었다. 기업이 알고 싶은 정보는 새로운 맥주를 개발하고 가격을 책정하는 데 결정적인 영향을 주는 소비자의 의견이었다(이를테면 목표 고객들이 더 진한 풍미를 원하는지, 혹은 더 청량한 맛을 원하는지, 그리고 적합한 가격과 용량은 어느 정도인지 등). 아무리 많은 과거 자료들을 뒤지더라도 이처럼 기업이 원하는 꼭 맞는 필요한 정보는 나오지 않았으며, 비슷한 자료도 2~3년 전 과거에 조사하였던 자료라 지금 시장 상황에 부합하는지 자신할 수 없었다. 필요한 데이터를 어떻게 얻을 수 있을지 고민하다가 시장 조사를 진행하는 마케팅 리서치 기업들이 다수 있다는 사실을 알게 되었고 조사를 맡기고자 의뢰를 하였다. 그러나 수백 명의 비교적 작은 수의 잠재적 소비자에게 물어보는 것만으로도 수천만 원에 달하는 비용과 수개월의 시간이 훌쩍 소요되는 사실을 알게 되자 다시 망설이게 되었다. 그리고 설문지 문항을 만드는 과정에서 H사의 직원들이 같이 참여해야만 되어서 업무량이 줄어들 것 같지도 않았다. 만일 서베이를 직접 할 수 있다면 비용도 절감되고 원하는 결과도 더 빨리 확인할 수 있을 것 같았다. 최근에 대세인 온라인 서베이는 비교적 쉽게 온라인 조사를 신속하게 할 수 있다고 하던데 경험이 없어서인지 직접하기에는 두려움이 들고 있다.

사례 2 직원 복지를 위한 서베이

직원들의 복지를 중시하는 B사의 복지팀에서는 이번 추석을 맞이하여 직원들이 가장 좋아할만한 멋진 추석 선물을 제공하고자 한다. 몇몇 직원에게 물어보긴 했지만 어떤 직원은 굴비 세트를, 다른 직원은 한우 세트를, 또 다른 직원은 상품권이 좋다는 둥 선호하는 선물이 제각각이라서 별다른 도움이 되지 않았다. 만일 전 직원에게 물어본다면 가장 선호하는 추석 선물을 고를 수도 있고, 각자 원하는 것을 맞춰서 제공할 수도 있을 것이라는 생각이 들었다. 하지만 이런 간단한 조사를 위해서 외부 서베이 전문기관에 추가 비용을 들이고 조사하는 것은 무리였고, 추석까지도 2주도 채 남지 않아서 시간적으로도 가능할 것 같지 않았다. 이렇게 수시로 간단한 의견을 조사할 수 있는 간편한 도구들이 있다면 내부 커뮤니케이션도 더 원활해질 것 같은데, 서베이라고 하니 왠지 거창하고 어려운 느낌이 먼저 든다.

위 사례처럼 기업들은 업무 환경에서 불가피한 불확실성을 제거하고 더 나은 의사결정을 하기 위해서 문제 해결에 필요한 직접적인 정보를 얻으려고 노력한다. 이런 정보를 얻는 방법으로 자주 쓰이며 유용한 것은 **설문지를 이용한 인터뷰나 서베이 조사**이다. 이를 이용하면 외부 전문기관의 도움 없이 자체적으로 간단한 서베이survey를 진행하고 결과를 볼 수 있다.

간단한 기업 내부의 조사나 신제품 조사, 광고 반응도 조사, 마케팅 전략에 대한 선호도, 고객 만족도 조사 등 서베이가 필요한 영역은 나날이 증가하고 있다. 마케팅 관련 의사결정을 내릴 때도 단순히 담당자의 직감으로 결정하기보다는 서베이 데이터를 활용하는 것이 더 정확할 뿐만 아니라, 경영진 등 타인을 설득하기에도 용이하다는 것을 깨닫고 있다.

다만 그렇다고 시장의 이해가 필요한 모든 영역에 서베이를 진행할 수는 없다. 시간적, 비용적 한계가 있기 때문이다. 예를 들어 300명 정도의 간단한 소비자 조사를 진행할 뿐인데, 서베이 업체에서 요구하는 비용은 수천만 원에 달할 정도로 부담이 크다. 그런데 만약 간단하고 시급한 서베이 조사를 내부 인력이 직접 수행하고 결과까지 빠르게 볼 수 있다면 어떨까? 기업은 보다 시장지향적인 마케팅이나 내부 관리가 가능해질 것이다. 그래서 서베이를 진행하는 능력은 마케터들에게 필요한 역량이 되고 있다.

2.1 필요성

전통적으로 마케팅 종사자를 포함한 대부분의 사람들에게 서베이란 곧 설문지 조사를 연상할 만큼 마케팅 시장 조사에서 설문지 조사가 차지하는 부분은 크다. 서베이 과정에서 설문지는 1차 데이터_{궁금한 정보를 직접적으로 제공하는 데이터}를 수집할 수 있는 가장 보편적인 방법이며, 조사자의 조사 목적이 오롯이 담긴 중요한 수단이다. 따라서 조사 목적을 잘 반영한 좋은 설문지는 성공적인 서베이 조사의 필수적인 요건이 되지만, 서베이를 처음 접하는 초보자들은 설문지 작성의 오류로 목적을 달성하지 못하는 경우가 빈번하다.

설문지 작성 업무는 단순한 작문 과정이 아니다. 분석에서 어떤 정보를 수집할지 예측하고, 데이터에 어떤 분석 절차나 통계 기법을 활용할 것인지 충분히 예견할 수 있는 전문성이 있어야 바람직한 설문 문항을 만들 수 있다. 바람직하지 못한 예로 질문이 모호하여 응답자가 이해하지 못하거나, 중요한 질문이 누락되거나, 여러 민감한 사정으로 응답할 수 없는 질문을 하는 등의 경우가 빈번하게 발생한다. 대부분의 서베이 조사는 정해진 면접 시간 내에 조사를 완료해야 하기에 시간적 압박이 있고, 중간에 설문지의 내용이나 문항을 변경하면 그 이전에 수행한 완료된 설문지를 폐기해야 하는 등의 문제가 발생할 수도 있다. 그 결과 설사 조사의 중간에 무엇인가 잘못되었음을 인지하더라도 조사를 변경하거나 재조사를 시행할 여유가 없는 것이 대부분이다. 따라서 단 한 번의 실수도 큰 타격이 될 수 있다. 이런 위험을 방지하기 위해서는 설문지 작성의 이전 단계부터 치밀한 계획과 준비가 요구된다.

설문지를 이용한 서베이 조사를 진행할 때는 무엇보다도 조사에 사용될 설문지가 표준화될 수 있도록 사전 고려가 필요하다. **표준화된 설문지**란 동일한 질문, 동일한 내용, 동일한 양식이 사용된 설문지를 이용함으로써 누가 언제 어디서 묻더라도 동일한 내용을 담고 있고 동일한 내용으로 응답자가 이해해야 함을 의미한다. 상업적 목적으로 진행되는 서베이 조사는 보통 수백 명에서 수천 명 이상이 응답을 하는데, 만일 동일한 목적으로 수행되는 서베이 조사에서 각기 다른 설문지를 사용하였다면 어떨까? 어렵게 얻은 자료지만 일관성이 떨어지고 데이터로서의 가치도 없어질 것이다. 반면에 표준화된 설문지를 사용할 경우 다양한 장점이 있다. 조사를 담당하는 면접원의 교육에 소요되는 시간을 절감할 수 있고, 조사 후 자료의 이해와 분석 결과의 공유가 용이해지는 등 다양한 장점이 있다.

앞서 잠깐 언급했듯이 시장의 이해가 필요할 때마다 설문 조사나 서베이를 해야 하는 것은 아니다. 다른 방법으로도 정보를 수집할 수 있다. 그러나 어떤 상황에서도 정보를 객관화하고 통계 등으로 수치화할 수 있는 장점을 가진 서베이를 간과할 수는 없을 것이다.

2.2 알아두면 좋은 지식

정성적 방법과 정량적 방법

비즈니스 세계에서 고객과 시장을 이해하기 위한 방법은 다양하며, 크게는 정성적qualitative 조사와 정량적quantitative 조사로 나누어진다.

정성적(qualitative) 조사

정성적 조사는 보통 인터뷰나 대면 면접을 통하여 사전에 정해진 간략한 질문을 구두로 확인하거나, 때로는 아예 질문지 자체도 없이 대화하듯이 자연스러운 흐름으로 질의와 응답이 이어지도록 하는 방식이다. 정성적 조사의 관련 방법으로는 소수의 고객을 녹취가 가능한 미러룸mirror room에 모아놓고 실행하는 인터뷰 기법인 포커스 그룹 인터뷰FGI, 연구자와 소비자가 1:1로 면담하는 대면 인터뷰 등 다양하다.

방법론별로 차이는 다소 있지만, 정성적 조사가 추구하는 원칙은 비교적 단순하다. 고객이나 인터뷰 대상자 내면에 깊이 숨은 잠재적 욕구와 의견을 찾아내기 위해서는 표준화된 질문으로는 어려우며, 고객의 마음 심층을 탐구하듯이 다양한 질문을 상황에 맞게 던져서 하나하나 파고들어가야 한다는 점이다.

정량적(quantitative) 조사

정량화는 고객의 의견을 정형적인 데이터 형태로 확보하고, 이를 수치화하고 통계로 표현할 수 있음을 의미한다. 정량적 조사는 고객의 의견을 확인하기 위하여 사전에 잘 계획되고 설계된 측정도구, 보통 **설문지**를 활용하여 고객의 의견을 확인하는 방식이다.

정량적 데이터를 확보하기 위해서는 보통 질문지로 구성된 **서베이**를 활용하여야 한다. 최근에는 대면을 통한 서베이보다는 빠르고 손쉬운 온라인 서베이를 주로 진행한다. 대면 혹은 온라인 비대면으로 수집된 고객의 의견 정보는 데이터의 정제와 검토를 마친 후 무료 소프트웨어인 R, Jamovi, JASP나 유료인 SPSS 등 다양한 통계 프로그램을 이용해 추가적으로 분석하는 것도 가능하다. 무료 소프트웨어들은 온라인상에서 누구나 다운로드가 가능하며 윈도우, 리눅스, 맥OS 등 사용 환경에 적합한 다양한 버전을 지원한다.

정량적 데이터 및 정성적 데이터의 적합성

정성적 조사와 정량적 조사를 알아보면서 '정량적 데이터와 정성적 데이터 중 어떤 데이터가 보다 적합할까?'라는 생각이 들 수 있다. 이 질문에 답하자면,

리서치가 필요한 기업의 마케팅적 요구 사항이나 문제의 성격에 따라 적합한 해결책을 찾을 수 있는 쪽을 선택해서 진행하여야 한다. 그 이유는 데이터의 속성 차이뿐만 아니라 서베이의 목적과 가능한 조사비용, 데이터 수집 기간 등의 조건에 따라 다르기 때문이다. 만일 예산과 비용이 충분히 갖추어져 있다면 보통 먼저 정성적 조사를 통하여 문제 전반에 걸친 이해를 확보하고, 이어서 수립된 가설을 정량적 조사를 통하여 진행하는 복합적인 접근 방법이 자주 선택된다. 그러나 이런 체계적 절차를 진행하기에 충분한 시간이나 비용이 부족하거나, 문제 해결의 중요성을 고려할 때 이런 접근법이 다소 과한 경우에는 인터뷰나 설문 조사 중 하나가 선택적으로 이용되기도 한다.

또한 조사 방법을 결정할 때는 기업이 보유한 사전 정보나 지식의 정도를 먼저 고려해야 한다. 예를 들어 다이어트 관련 시장에 진출하려는 건강기능식 제조 기업은 유사한 시장과 고객에 대한 경험이 풍부하므로 정성 조사는 생략하고 바로 서베이를 통하여 직접적 의견 조사로 넘어갈 수 있다. 반면에 IT 기기 제조업체가 신규 사업으로 다이어트 보조용 헬스 기기를 제작하는 경우에는 관련 시장에 대한 이해도가 부족하므로 정성 조사와 정량 조사가 모두 필요할 수도 있다. 그 밖에 사내에 활용할 수 있는 2차 자료보통 도움이 될 만한 문서, 도서, 자료 등을 의미의 존재 여부, 조사 경비나 시간적 여유도 중요한 결정 요인이 된다.

설문지의 주요 구성 요소

조사를 수행하는 기업의 사정이나 서베이 진행 목적에 따라 서베이를 위한 설문지 구성은 조금씩 다를 수 있으나, 대부분 다음과 같은 6가지 항목으로 구성되어 있다. (설문지에 반드시 모든 항목이 사용되어야 하는 것은 아니며, 일부 항목은 필요에 따라 포함하거나 제외할 수도 있다.)

조사 소개문

처음 보는 누군가가 자신에게 설문을 해달라고 요청한다면 어떤 생각이 들까? 혹시 판매 수법은 아닐까? 사이비 종교의 포교 활동은 아닐까? 등 별별 의심이

들 것이다. 조사 소개문은 설문의 응답자에게 협조를 요청하는 내용으로, 보통 설문지의 첫 페이지에 삽입한다(온라인 조사라면 웹페이지의 첫 화면에 제시될 것이다). 소개문은 응답자에게 조사자의 소속이나 소개, 조사의 목적, 통계법에 의한 개인정보와 응답 내용에 대한 비밀 보장을 약속함으로써 조사의 참여율을 높이고 응답자의 원활한 협조를 이끌어낸다.

대면으로 조사를 진행하는 경우에는 면접조사자가 조사 소개문의 내용을 구두로 고지하거나, 설문지에 인쇄하여 보여주거나 웹 화면에 게시한 내용으로 조사 소개문을 대체하기도 한다. 조사 소개문은 조사 전반에 걸친 신뢰성을 보장하고 통계 관련 법령에서 요구하는 개인정보보호를 강화한다는 측면에서 반드시 필요하다. 만일 개인정보에 대한 확인 절차가 더 엄중하게 필요하다면 해당 내용을 다 읽고 이해하였음을 확인하는 체크박스를 활용할 수도 있다.

바이오헬스 기업 신상품 고객 조사 서베이

안녕하십니까?
올해도 여전히 귀댁에 행운이 깃드시기를 바랍니다.

본 서베이 설문지는 OO제약의 의뢰를 받아 다이어트 제품에 대한 소비자 의견을 조사하기 위하여 제작되었습니다. 설문지를 통하여 얻는 귀하의 고견은 연구 목적 및 통계분석을 위해서만 사용되며, 다른 목적으로 사용되지 않고 응답자 정보는 관련 법령에 의하여 절대로 비밀이 보장될 것입니다. 아무쪼록 바쁘신 중에도 본 서베이 조사에 참여하여 주시면 대단히 감사하겠습니다.

2023년 5월
(주) ㅁㅁ리서치
조사원: 홍길동 (hong@kil.com)

[그림 2-1] 조사 소개문 예시

식별 자료

식별 자료는 인쇄된 종이 설문지를 사용하였던 서베이 조사의 오래된 관행으로, 회수된 설문지를 관리하는 목적으로 처음 사용되었다. 설문 참여의 진위 여부를 확인하고 검증하기 위해 식별 자료에는 응답자의 이름, 주소, 전화번호 등 연락처를 포함한다. 또한 추후에 성실하게 조사가 이루어졌는지 검증하는 목적으로 조사를 실시한 면접자의 이름과 면접 일시도 기록한다.

대부분 오프라인 조사에서 식별 자료는 설문 응답자가 직접 기입하는 것이 아니라 조사를 진행하는 면접 담당자가 정보를 파악하여 응답 직후에 점검하는 형태로 진행한다. 그 이유는 문항들이 비교적 민감한 개인 정보를 담고 있어 설문 초두에 물어본다면 응답 자체를 거부할 우려가 있기 때문이다. 한편 온라인 조사에서는 비대면으로 설문 조사를 진행하기 때문에 인적 개입이 불가능하다. 그래서 식별 자료를 흔히 생략하기도 하고, 데이터 검증을 위하여 설문지 마지막의 인구통계 정보를 확인하는 부분에서 전화번호나 이메일 등의 확인용 연락처를 물어보는 것으로 대신하기도 한다.

※ 본 설문지는 만 27세(대학생 제외) 이상 만 38세 이하인 분만 응답해 주시기 바랍니다

1. 면접 일시 : 2023년 5월 ___일 ___시

2. 주소 : ____________________

연락처 : ______ - ______ - ______

3. 성명 : __________ 4. 지위 (1) 가장 (2) 주부 (3) 자녀 (4) 기타

5. 성별 ☐ 남 ☐ 여 6. 연령 ______ 세

7. 지역 번호 : ( )( ) - ( )( ) - ( )( )

서울 : 01 경기 : 02

[그림 2-2] 식별 자료 예시

지시문

모든 질문에 답을 할 수 있는 것은 아니다. 자동차를 소유하지 않은 사람에게 연간 자동차 보험료를 물어 본다면 응답할 수 있을까? 미혼인 사람들에게 자녀 교육에 관하여 묻는 것도 타당한 질문이 아니다. 이처럼 응답자가 대답할 수 없는 질문을 할 경우, 응답자는 응답하기를 포기하거나 데이터의 가치를 심각하게 훼손하는 거짓 응답으로 대응하게 된다. 양질의 설문 응답을 손쉽게 받으려면 응답자 스스로 설문 구조를 이해하고 질문에 응답할 수 있도록 상세하게 설문지 응답 방식을 알려주어야 한다. 또한 불필요하거나 응답 불가능한 문항이 없도록 설문지의 흐름을 다듬어야 한다.

설문 아래에 지시문을 삽입하면 응답자에게 적절한 다음 응답 순서로 안내할 수 있다. 지시문은 보통 응답 방법이나 응답 순서, 특정 문항의 응답 시 주의 사항 등에 관한 내용을 알려준다. 적절한 순간에 제시하는 친절한 지시문은 응답자의 설문 이해도를 높여주고, 더 높은 참여도를 이끌어낼 것이다.

[그림 2-3] 지시문 예시

본 설문 문항

설문지의 구성 요소 중 가장 중요하며, 설문 조사를 통하여 알고자 하는 정보들이 적절한 문장과 워딩wording, 체계적 순서의 문항으로 적절히 제시되어야 한다.

> 본 문항의 작성 방법은 질문 내용, 형식, 맞춤법, 불필요한 중복 문항의 제거 등 고려할 사항이 매우 다양하다. 그러므로 구글 폼즈의 설문 문항 작성 메뉴를 보여주면서 상세히 설명하겠다. (2.4의 실습 참조)

배경정보 문항

흔히 데모demo, 데모그래픽demographic 혹은 인구통계학적 정보라고 일컫는 문항들이며 응답자의 연령, 성별, 결혼 유무, 직장, 소득 등 개개인을 특정할 수 있는 정보와 관련된다. 본 문항에서 얻은 조사 결과들은 응답자를 특성별로 분류하고, 시장 세분화 등 전략 개발을 하기 위하여 반드시 필요하다. 설문으로 얻은 데이터는 보통 집단 간 비교를 통하여 시사점을 찾는 경우가 상당히 많다. 예를 들면 단순히 개개인의 소비액을 비교하는 것은 큰 의미가 없지만 40대 이상의 기성세대와 MZ 세대의 소비액을 비교하는 것은 시사점을 제공할 수 있다. 이런 비교를 하기 위해서는 응답자들의 연령에 대한 정보를 반드시 배경정보 문항에서 물어보아야만 한다.

그러나 대부분 배경정보 문항은 사생활을 침해할 수 있고 사람에 따라서는 불편함을 느낄 수 있는 민감한 정보들이므로 응답자들도 쉽게 정보를 주기를 꺼리는 모습을 보인다. 따라서 배경 문항은 반드시 필요한 문항 위주로 최소화하여 불필요한 정보를 수집하는 것을 지양해야 한다. 또한 설문지의 마지막 부분에 물어보는 방식을 통하여 응답자가 설문 자체를 거부하는 일이 없도록 설문지의 흐름을 구성해야 한다. 설문을 응답하는 과정에서 설문지에 대하여 보다 관대해지고 설문을 잘 마치려는 욕구도 생기기 때문에 마지막으로 갈수록 민감한 문항에도 쉽게 응답하는 경향이 있다.

기타 보조 도구

만일 오프라인에서 진행되는 서베이라면 경우에 따라서 상품 사진이나 정보를 담은 카탈로그 등 보조 자료가 필요할 수도 있다. 예를 들어 신상품에 대한 소비자의 평가를 알고자 할 때 신상품 실물 혹은 신상품 정보를 요약 정리하여 인쇄된 콘셉트 가드를 별도로 가지고 다니면서 설문을 받기도 한다. 때로는 즉각적 응답이 아니라 응답자의 고민이 필요한 경우도 있다. 건강과 관련된 미용이나 건강기능식품이라면 샘플을 사용하는 시간을 충분히 준 다음에 설문을 받아야 하는 경우도 종종 발생한다. 모르는 것을 응답할 수는 없기 때문이다. 마찬가지로 온라인 서베이에서는 사진, 동영상 등 다양한 멀티미디어 자료를 응답자의 설문 이해도를 높이기 위한 보조적 수단으로 활용할 수 있다.

질문 문항을 만드는 테크닉

설문지의 주요 구성 항목의 특성과 배치 순서들을 이해한 다음에는 실제 어떤 질문을 할지 설문지의 내용을 결정하여야 한다. 노련한 작가가 글을 다듬고 다듬어서 누구나 읽고 이해할 수 있는 글을 만들 듯이 설문지 작성의 완성도는 연구자의 숙련도에 달려있다고 해도 과언이 아니다. 다양한 분야를 대상으로 진행한 서베이 조사 경험이 많을수록 설문지 작성에 익숙해지며, 설문지 작성

시 주의 사항이나 질문 노하우를 자연스럽게 익히게 된다. 따라서 처음 작성한 설문지가 만족스럽지 않더라도 실망할 필요는 없다.

설문지 작성이 익숙하지 않다면 다음의 **설문지 작성 Tip**을 참고해보길 바란다. 불필요하게 경험할 수 있는 시행착오를 줄일 수 있을 것이다.

설문지 작성 Tip

설문지를 작성하는 순서에 정답은 없으며, 보통 오랜 경험과 시행착오를 거치면서 자기만의 노하우를 쌓아가게 된다. 그러나 작성 과정에 대한 고민이 없이 생각나는 것을 두서없이 쓰기만 한다면 조사를 마친 후에 연구자가 의도한 데이터를 얻기는 매우 어려울 것이다. 설문지 작성 과정에 나타나는 공통적인 단계들을 살펴보면 보통 연구의 목적을 먼저 확정하고 나서 데이터 수집 방법, 설문 항목의 내용, 질문 순서 등을 차례로 결정하게 된다. 다음 그림과 같은 순서대로 각 단계를 자세히 알아보겠다.

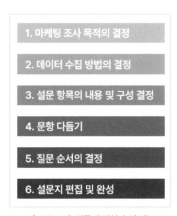

[그림 2-4] 설문지 작성 순서 예

1) 마케팅 조사 목적의 결정

서베이 조사는 서베이 완료 후 조사자가 확인하고 싶은 것이 무엇인지 인식하는 것에서 출발한다. 즉, 조사자나 기업이 현재 가지고 있는 문제는 무엇이며 이 문제를 해결하거나 더 나은 의사결정을 하기 위해서는 어떤 데이터들이 필요할지 사전에 예상할 수 있어야 한다. 예를 들면 아래와 같다.

- 패션 상품을 만드는 상품 기획자는 내년에 유행할 색상이나 스타일을 확인하고 싶어하며, 이를 위해서는 서베이 시작 전에 유행을 선도하는 고객층으로부터 의견을 물어봐야 한다는 사실을 알고 있다.
- 스마트폰 개발자는 내년도에는 더 큰 사이즈의 액정 화면이 인기일 것이라고 판단하고는 있지만, 이를 상품화하기 위해서는 조금 더 확실한 증거가 필요하다고 느낄 수 있다.

이처럼 서베이를 시작하기 전에 이미 조사자가 확인해보고 싶은 사실들을 보통 가설hypothesis이라고 부른다. (이는 디지털 마케팅에서 본격적인 캠페인 집행 이전에 어떤 마케팅 대안이 더 나은지 사전 검증하기 위하여 시행하는 A/B 테스트와도 크게 다르지 않다.) 설문지 작성에 앞서 가장 먼저 결정해야 하는 것은 설문 조사를 통하여 자신의 가설이나 생각을 검증하는 데 어떤 정보들이 필요할지 충분히, 그리고 풍부하게 상상하는 것이다. 상상조차 못한 내용은 질문으로 만들어 물어볼 수 없다. 통계와 데이터가 중요한 조사 영역에서도 풍부한 상상력이 성공적인 서베이 조사의 뼈대가 된다.

2) 데이터 수집 방법의 결정

두 번째 단계는 어떤 방식으로 설문지를 배포하고 데이터를 수집할지 결정하는 것이다. 데이터 수집 방법은 직접 면접원이 설문 응답자를 찾아가야 하는 면접법, 전화에 의한 조사, 우편물 조사, 인터넷 조사 등 다양하다. 이 중 어떤 방법을 선택하느냐에 따라서 조사의 내용이나 설문 문항의 수, 조사 기법들이 달라진다.

예를 들어 전화 조사 방식은 설문 문항이 길면 응답자가 중도에 전화를 끊어버릴 가능성이 크기 때문에 문항 수를 최소화하고 내용도 간결하게 해야 한다.

정치 관련 의견 조사는 두세 개의 간단한 문항으로 구성되기도 한다. 또한 이 방식은 시각적 자료를 사용할 수 없으므로 소비자가 잘 모르는 신상품을 질문해야 하거나 사진 이미지 등을 활용한 설명이 필요한 조사에는 부적절할 수 있다. 반면, 대면 접촉을 상정한 면접법은 응답자가 긴 설문에도 성실히 응답할 가능성이 크며, 면접원이 응답자의 질의에 답하거나 추가적인 정보를 주는 것이 가능하므로 난이도가 높거나 이해하기 어려운 내용을 조사하는 경우에도 적합하다.

방법마다 장단점이 있으므로 설문 조사에 투입되는 비용, 신뢰성, 응답률, 그리고 조사의 목적이나 문항 수를 고려하여 결정한다. 주요 수집 방법의 특성과 장단점은 다음과 같다.

■ 대인면접법

면접원이 직접 응답자가 위치한 장소를 방문하거나 응답자를 일정한 장소에 모이도록 한 다음 대면 접촉을 통하여 설문을 하는 방법이다. 이 방법을 시행할 경우 비교적 오랜 시간 동안 설문 조사를 할 수 있으며, 다소 어려운 질문을 받기도 용이하다. 그러나 비교적 많은 비용과 시간이 소요되며, 면접원의 기분이나 외모 등의 통제할 수 없는 요건들이 응답자의 응답에 영향을 미칠 수 있다. 실제로 면접원의 외모가 매우 매력적일 경우 응답자들이 자신의 실제 소득이나 학력 등을 과장되게 적는 사례들이 종종 발견되기도 한다. 그리고 조사원의 부정행위도 발생할 수 있다. 대리 응답을 하거나 거짓 설문 회수를 하는 등 조사의 품질을 떨어뜨리는 경우도 적지 않게 발생한다.

■ 전화 조사

전화 조사는 사전에 확보한 고객 리스트가 충분한 경우에는 응답 대상자 명단을 작성하기 쉽고, 시간과 비용이 적게 드는 장점이 있다. 단점으로는 기본적으로 상대방이 통화가 가능한 상황에서만 가능한 것이지만, 최근 스마트폰 보급률이 사실상 100%에 육박하므로 이 문제는 크게 부각되지 않는다. 다만 조사 시간이 10분 이상 걸릴 경우 응답자 대다수가 조사에 응하기를 꺼려한다는 점, 전화 조사를 사칭한 불법 판매나 스팸이 기승을 부르고 있다는 점은 부담이다. 그 결과 전화 조사에 대한 일반 응답자의 응답률은 점차 떨어지는 편이며, 시행한다면 비교적 단순한 문항들을 중심으로 설문 문항을 구성해야 한다.

■ **우편물 조사**

설문지로 우편 발송하는 우편물 조사는 응답률이 매우 낮으며, 회신을 하더라도 설문지가 오가는 시간이 너무 오래 걸리므로 제한적인 상황에서만 주로 사용된다. 그러나 저렴한 비용으로 진행할 수 있으며 응답자가 충분히 심사숙고한 후에 설문에 응답할 수 있다는 장점을 가지고 있다. 이런 장점 때문에 우편물 조사는 소수의 전문가 집단을 대상으로 한 의견 조사 등에 사용되고 있다. 대표적인 예로는 전문가 집단을 대상으로 반복적 우편 조사가 이루어지는 델파이Delphi 조사[1] 가 있다.

■ **인터넷 조사**

요즘 가장 빠르게 활용 빈도가 증가한 방법이 인터넷 기반의 온라인 조사다. 인터넷 조사는 매우 저렴한 비용으로 신속하게 진행할 수 있고, 다른 방법과 비교해 사진, 동영상, 텍스트 등 다양한 보조 자료들을 활용하여 설문 조사를 입체적으로 진행할 수 있다는 강점을 가졌다. 또한 설문 조사 시 자동으로 설문 결과가 데이터로 정리되므로 코딩Coding이나 펀칭Punching 같은 데이터 전처리 가정이 생략된다. **코딩**은 설문지 문항 각각에 부합하는 변수명을 부여하는 과정이며, **펀칭**은 설문지의 내용을 엑셀이나 텍스트 파일처럼 프로그램이 인식할 수 있는 전자 파일 포맷으로 변경하는 과정이다. 그러나 이런 장점에도 불구하고, 인터넷의 익명성은 인터넷 조사의 신뢰성에 부정적인 영향을 주고 있다. 최근에는 인터넷 조사를 용이하게 도와주는 온라인 설문 폼이 구글, 네이

---

1 델파이(Delphi) 조사: 전문가의 집단적 의견을 수렴하여 불확실한 문제에 대한 예측이나 의사결정을 하는 방법으로, 반복적인 질문과 피드백을 통해 의견을 조율하여 최종 결론을 도출하는 방법

버 등에서 제공되고 있으며, 온라인 조사에만 특화된 조사 업체도 다수 등장하였다.

3) 설문 항목의 내용 및 구성 결정

서베이를 통해서 확인할 정보들이 어느 정도 확정되었으면 이 정보들을 얻기 위한 개별적인 질문 내용들이 개발되어야 한다. 완성도 있는 설문 항목을 개발하기 위해서는 설문 내용은 물론이고 문항에 사용되는 단어가 적절한지, 문항이 중의적 의미로 해석될 가능성은 없는지, 혹시 응답자가 답하기에 지나치게 개인적이거나 민감한 질문들은 아닌지, 혹은 불필요한 문항은 아닌지 등을 종합적으로 살펴보아야 한다. 예를 들어 '당신이 사용하는 의료비는 얼마입니까?'라는 문항을 사용하였다고 하자. 언뜻 보면 평이한 문구라서 응답하기 쉬울 것 같지만, 이 문항은 여러 가지 이유에서 설문 문항으로 적절하지 않을 수 있다. 우선, 응답자들이 얼마나 많은 의료비를 내는지 정확하게 인지하지 못했을 가능성이 있다. 그리고 설사 자신의 의료비 정보를 알고 있더라도 질문에서 물어보는 금액이 가족 모두의 비용 합계인지 본인 한 명에 한정한 비용인지 알 수 없을 뿐더러 비용 총액이 연간인지 월간인지도 불명확하다. 비용의 단위도 만 원인지 혹은 일 원인지도 표시되지 않았다. 또한 일부 응답자들에게는 질병과 관련된 질문은 대답하기 너무 고통스럽고 민감한 질문이어서 대답을 회피할 수도 있다. 이처럼 의료비에 대한 정보를 얻는 질문 하나 만드는 것에도 고려하고 신경 써야 할 부분이 많다. 의미 있는 질문을 해야 의미 있는 데이터를 얻을 수 있다.

또한 설문 문항을 구성할 때는 문항별로 어떤 종류의 데이터를 수집할지, 즉 척도scale라고 불리는 응답의 형태를 결정해야 한다. 예컨대, 응답자들이 설문 문항을 읽은 뒤 객관식 보기에서 답을 선택하도록 할 것인지 자유롭게 주관식으로 답을 적도록 할 것인지를 결정하여야 한다. 응답 형태는 얻어지는 자료의 내용을 결정할 뿐만 아니라 특히 나중에 사용해야 하는 통계 분석 방법의 종류에도 영향을 미치므로 신중하게 결정되어야 한다. 일반적으로 응답의 형태로는 크게 주관식 응답, 객관식 응답, 리커트Likert 척도형[2] 응답이 있다.

■ 주관식 응답

주관식 응답은 별도의 보기를 제시하지 않고 응답자가 자유롭게 자신이 생각하는 내용을 표현할 수 있는 질문 방식이다. 그 예를 살펴보면 다음과 같은 형식이 될 것이다.

Q 최근 암 발병률이 증가하는 원인은 무엇이라고 생각하십니까?

생각나는 것이 있다면 그 원인을 적어주시기 바랍니다.

(   )

주관식 응답의 장점은 응답자가 제약 없이 자유롭게 자기의 의견을 표현할 수 있어, 응답자가 존중되는 느낌을 받을 수 있다는 것이다. 또한 조사자가 잘 모르거나 미처 생각하지 못한 의견을 받을 수 있으므로, 독특한 아이디어나 의견을 수렴하는 탐색적 조사를 진행할 때 유용하다. 그러나 단점으로는 간혹 쉽게 답을 하기 어려우며, 설문 조사에 소요되는 시간이 긴 편이다. 또한 설문 조사가 종료된 후 통계 처리를 위하여 코딩이나 펀칭 등 사후에 자료 처리를 하는 것이 어려우며, 이 과정에서 연구자의 주관적 판단이 과하게 개입될 가능성이 있다. 따라서 지나치게 많은 주관식 응답은 연구자가 연구 문제에 대한 이해도가 낮거나 충분히 고려하지 않았다는 반증이 될 수도 있다.

■ 객관식 응답

주관식 응답과는 다르게 응답자가 선택할 수 있는 응답 내용을 보기로 제시하고 선택 내용을 제한하는 방식이다. 객관식 응답에서는 앞서 제시한 예시 질문이 다음과 같은 형태로 제시될 것이다.

---

2   리커트 척도(Likert scale): 설문 조사 등에 사용되는 심리 검사 응답 척도의 하나로, 각종 조사에서 널리 사용되고 있다. 응답자는 제시된 문장에 대해 동의하는 정도를 단계로 나눠 답변할 수 있다. 예를 들어 5단계 척도를 사용한다면 응답은 '전혀 그렇지 않다', '그렇지 않다', '보통이다', '그렇다', '매우 그렇다' 중 하나를 고를 수 있다. (출처: 위키백과)

> **Q** 최근 암 발병률이 증가하는 원인은 무엇이라고 생각하십니까?
>
> 보기 중 직접 하나만 선택해주시기 바랍니다.
> (1) 과다한 영양 (2) 검진 기회 증가 (3) 스트레스 (4) 기타

객관식 응답의 장점은 코딩과 펀칭과 같은 데이터 처리가 매우 수월하다는 것이다. 사실상 객관식 문항은 기본적인 코딩 작업이 이미 완료된 형태이고, 펀칭도 숫자만 입력하면 되므로 매우 간편하다. 또한 응답자에게 적절한 보기를 제기한 경우 응답상 오류를 최소화하고 조사에 소요되는 시간도 대폭 절감할 수 있다. 단점으로는 설문지라는 측정 도구를 개발하고 완성하는 데 많은 시간이 소요된다는 점이다. 특히 응답자들이 선택할 수 있는 보기 문항을 잘 개발하기 위해서는 조사자가 관련 주제에 대하여 깊이 이해하고 폭넓은 지식을 가지고 있어야 한다. 만일 그렇지 못하다면 응답자가 생각하는 내용을 설문 문항에 충실히 반영할 수 없으며, 응답자가 선택할 수 있는 보기가 질문 중에 없는 경우가 발생할 수 있다. 이런 단점을 보완하기 위하여 객관식 응답은 반드시 포괄적이고 보기 문항 간에 중복이 없도록 상호 배타적이어야 한다. 또한 가능하다면 소규모의 응답자를 대상으로 사전 테스트를 진행하여 객관식 설문의 내용이 적합한지 검증할 필요도 있다.

■ **연속척도형 응답**

연속적 척도란 소수점으로도 표현 가능한 연속적인 값을 가지는 척도란 뜻이다. 예로 객관식의 보기 1, 2, 3번이 있더라도 응답한 결과를 평균 내어 2.50이라는 값을 갖는다면 이는 아무런 의미가 없을 것이다. 객관식 보기는 연속형 척도가 아니기 때문이다. 그러나 다수를 대상으로 만족도를 조사한 값을 평균 내어 2.50이라는 값을 갖는다면, 이는 평균값으로써 실질적인 의미를 갖는다. 연속척도형 질문에서는 응답자가 느끼는 정도를 직접 척도상에 표시하는 방식으로 응답을 받는다.

Q 최근 암 예방 노력이 어떻다고 느끼십니까?

해당되는 정도에 직접 ✔표 해주시기 바랍니다.

매우 불만이다		보통이다		매우 만족한다
←①	②	③	④	⑤→

이 방식의 가장 큰 장점으로는 숫자로 표현이 가능한 척도를 사용함으로써, 설문을 통해 얻은 데이터는 사칙 연산이 적용되며 평균, 분산 등 다양한 통계치를 구할 수 있다. 또한 응답자들이 비교적 빠르게 이해하고 응답할 수 있어서 많은 수의 문항을 질문할 때 유용한 편이다. 단점으로는 다수의 연속형 척도가 연속적으로 제시될 경우, 설문지가 지루하다고 느끼고 설문 내용을 읽지 않은 채 대충 건성으로 응답하는 사례가 증가할 수 있다. 아울러, 설문 문항의 개발에 적지 않은 시간이 걸린다.

대표적인 연속형 척도로는 '리커트 척도'와 '의미 차별화 척도' 등이 있는데, 이런 척도들을 사용한 경우에는 반드시 **몇 개의 응답점들을 제시할 것인가**를 결정하여야 한다. 응답자가 선택할 수 있는 응답점이 5개인 경우 5점 척도, 7개인 경우는 7점 척도라고 부르는데, 보통 5점 척도가 가장 빈번하게 쓰인다. (간혹 4점이나 6점 척도가 쓰이기도 한다.) 응답점 개수를 따지는 이유는 홀수(예: 5점 척도)인지 짝수(예: 4점 척도)인지에 따라 중립점의 유무가 갈리기 때문이다. 홀수인 경우는 '보통'인 중립점이 반드시 존재하므로 결과가 찬성-보통-반대로 구분되지만, 짝수인 경우는 중립점이 없으므로 찬성 혹은 반대, 만족 혹은 불만족과 같은 양자택일 형태가 된다.

4) 문항 다듬기

설문지에 포함될 질문 내용과 구성 방식이 결정된 이후에는 보다 구체적으로 각 질문 항목을 세부적으로 검토하고 완성하여야 한다. 같은 내용의 질문이라도 설문 문항에서 '아' 다르고 '어' 다른 경우가 많기 때문에 질문에 사용되는 어휘의 선정이나 질문의 뉘앙스 등을 세밀하게 검토하는 워딩wording 작업에도 신경을 써야 한다. 실제 이런 작은 차이가 설문의 응답률은 물론이고 데이터의 품질에도 적지 않은 영향을 끼치게 되기 때문이다. 여기서는 설문지 작성의 실제에서 가장 빈번하게 발생하는 실수의 유형들을 살펴봄으로써 설문의 완성도를 높일 수 있는 방법을 찾아보고자 한다.

■ 단순하고 이해하기 쉬운 단어 사용

조사자들이 범하는 가장 큰 실수는 응답 대상자들의 수준을 고려하지 않고, 조사자 자신과 비슷한 정도의 지식이나 관심을 가졌을 것이라고 착각하는 일이다. 보통 조사자들은 오랫동안 기업이나 대학 등 유사한 집단에서 생활한 결과, 해당 집단에서 일상적으로 사용되는 용어들을 일반인들도 역시 같은 수준에서 이해할 것이라고 생각하고 전문 용어들을 별다른 고민 없이 사용하는 경우가 있다.

다음 문항을 한번 살펴보자. 의료나 바이오 산업에 종사하거나 이 분야에 관심이 있는 응답자들은 쉽게 대답할 수 있지만, 일반 대다수의 응답자들은 이 질문의 의미를 이해할 수 없을 것이다. 한글만 이해할 수 있다면 누구나 이해할 수 있도록 가능한 단순하고 쉬운 표현을 쓰자.

> **Q** 코로나를 진단하기 위해 사용되는 RNA 유전자 진단의 장점은 무엇입니까?
>
> (1) 빠른 진단   (2) 정확한 진단   (3) 편리한 이용성   (4) 기타

■ 중복되지 않는 보기 제시

객관식 문항의 개발 과정은 매우 까다로운데, 특히 응답자가 선택할 수 있는 보기가 중복되지 않도록 주의하여야 한다. 이런 문제를 마주하게 되면 응답자들은 혼란스러워 할 것이다. 아래 문항은 보기가 중복된 예로, 보기로 제시된 과다한 영양, 높은 칼로리, 비만은 모두 하나의 현상을 동시에 설명하기에 사

실상 같은 보기라고 볼 수 있다.

Q 최근 암 발병이 증가하는 원인은 무엇이라고 생각하십니까?

보기 중 직접 하나만 선택해주시기 바랍니다.
(1) 과다한 영양   (2) 지나친 칼로리   (3) 비만   (4) 필요 이상의 식사

■ **지나치게 제한된 보기 제시**

제시되는 보기는 현상을 설명하기에 충분해야 한다. 즉 대다수의 응답자가 상식적으로 생각할 수 있는 것들이 보기에서 충분히 제시되어야 한다. 아래의 예는 교내 폭력의 원인을 제시하기에 충분하지 않은 나쁜 질문이다. '원활하지 않은 교우관계', '선생님과의 불화', '호르몬 분비 과다', '경제적 빈곤' 등 제시된 보기보다 더 많은 이유들이 숨어있기 때문이다. 이 경우에는 적절한 보기를 충분히 제시하지 못했다고 본다.

Q 최근 교내 폭력이 증가하는 원인은 무엇이라고 생각하십니까?

보기 중 하나만 선택해 주시기 바랍니다.
(1) 과열된 입시   (2) TV의 영향   (3) 게임의 영향   (4) 가정 불화 증가

위처럼 제시된 보기가 충분히 제공되지 않으면 응답자들은 자신이 생각하는 보기가 없다고 생각하여 제대로 된 선택을 할 수 없거나 응답 자체를 포기할 수 있다. 그리고 설사 응답 결과를 얻었다고 하더라도, 분석 결과를 온전히 이해하기는 어려울 수 있다. 이런 문제를 보완하기 위해 보기의 개수를 충분히 늘리거나, 주관식과 객관식의 특성을 혼합한 혼합형 보기를 제시할 수 있다. 예를 들어 다음과 같이 보기 중에 '기타(_____)'를 추가하고, 그 내용을 직접 적게 할 수도 있다.

> **Q** **최근 교내 폭력이 증가하는 원인은 무엇이라고 생각하십니까?**
>
> 보기 중 하나만 선택해 주시기 바라며, 기타를 선택한 경우 그 이유를 직접
> 적어 주시기 바랍니다.
> (1) 과열된 입시   (2) TV의 영향   (3) 게임의 영향   (4) 가정 불화의 증가
> (5) 기타 _____

■ **적절한 보기의 수**

일반적인 응답자가 생각하는 경우의 수를 모두 포함하겠다는 욕심에 보기의
개수를 대책 없이 늘리는 실수를 범하진 말자. 적절한 보기의 개수를 고려하여
야 한다. 보기의 개수가 적으면 설문지의 가독성이 좋아 응답하기 편하지만 현
실을 제대로 담아내지 못할 수도 있다. 반면에 보기 개수가 너무 많으면 보기
들이 중복될 우려가 있고 설문지의 내용이 지나치게 복잡해진다. 적당한 보기
개수에 정답은 없지만, 일반적으로 택 1의 객관식 문항에서 보기 개수가 9개를
초과하는 건 적절하지 않아 보인다. 만일 보기 개수가 10개 이상이라면 여러
개의 보기를 선할 수 있는 다중 응답으로 질문을 해야 할 것이다.

■ **임의의 결론을 유도하는 질문**

질문을 제시할 때도 주의할 점이 있다. 질문의 내용 중에 무의식으로 조사자가
희망하는 결과를 도출하기 위한 암시나 사전 전제를 부여하고, 응답자들이 조
사자가 의도한 답변을 하도록 유도하는 경우이다. 아래의 예는 이미 질문에서
병원 진단비가 비싸다는 암시를 하고 있어 부적절하다.

> **Q** **최근 병원의 진단료가 많이 올라 가계의 큰 부담이 되고 있습니다.**
> **현재 병원 진단료 수준이 어떻다고 생각하십니까?**
>
> 매우 비싸다   보통이다   매우 저렴하다
> ←—①——②——③——④——⑤——⑥——⑦→

▪ 지나치게 상세하거나 민감한 응답 요구

실제 자신과 관련된 일이라 하더라도 응답자들이 모든 사실을 꿰뚫고 있는 것은 아니다. 예를 들면 현재 사용하는 신용카드의 매월 사용 금액이나 일일 소금 섭취량, 도시가스 사용량을 정확히 아는 사람은 드물 것이다. 이처럼 지나치게 상세하고 정확한 답변을 요구한다면 응답자가 답변을 할 수 없을지도 모른다. 이런 문제를 피하기 위해서는 응답자가 상세한 답변을 하기 어려운 답변은 응답의 범위를 제시하거나, 객관식 보기로 변경하여 물어보는 것이 효과적일 것이다. 또한 지나치게 개인적인 질문(예: 이성 문제나 탈세 경험 등)을 하는 것역시 연구 윤리상 문제가 될 수 있으며, 설사 응답을 하더라도 정직한 응답을 기대하기 어렵다.

▪ 단위 사용의 정확성

마지막으로 조사자들이 가장 자주 범하는 실수 중 하나가 주관식으로 질문할 때 단위를 정확하게 제시하지 않는 경우이다. 아래 문항을 보면 두 가지 이유에서 적절한 질문이 아니다. 첫째, 흡연량의 측정 단위가 주어지지 않았다는 점이다. 설문 문항을 보완한다면 일일 흡연량인지 혹은 주간, 월간, 연간 흡연량인지 제시하여야 할 것이다. 둘째, 측정 단위가 지나치게 클 수 있다는 점이다. 만일 하루에 한두 개피 정도 피는 응답자가 다수라면 갑보다는 개피 수로 답하는 것이 보다 정확하며 타당할 것이다.

Q 당신은 보통 담배를 얼마나 피십니까?

_____갑

---

5) 질문 순서의 결정

1)에서 4)까지의 과정을 검토하여 개별적인 질문 항목이 결정된 이후에는 응답자에게 제시할 질문의 순서를 고민하여야 한다. 순서에 특별한 원칙은 없지만 몇 가지 참조할만한 팁을 제공하면 다음과 같다.

Tip 1 최초의 질문은 비교적 쉬우며 흥미를 유발할 수 있는 문항을 배치하는 것이 좋다. 자연스럽게 응답자의 호응과 협조를 이끌어낼 수 있기 때문이다.

Tip 2 대답하기 어려운 민감한 질문들은 가능하면 설문의 마지막에서 물어보는 것이 좋다. 내용이 다소 민감할지라도 설문에 응답한 관성이나 책임감 때문에 기꺼이 응답해주는 경우가 대부분이며, 설사 응답을 거부한다고 하더라도 최소한 앞에서 설문에 답한 데이터는 부분적으로 남기 때문이다. 특히 소득, 연령, 결혼 여부 등을 확인하는 인구통계적 질문들은 관행적으로 맨 마지막 페이지에서 확인한다.

Tip 3 질문 문항들의 관계를 고려하여야 한다. 이는 특정 설문 문항과 다른 설문 문항 상호 간에 연계성이나 관계성이 존재하는 경우들을 의미한다. 예를 들어 스마트폰에 대한 만족도를 물어보는 설문 문항은 스마트폰이 없는 사람은 응답 자체가 불가능하므로 반드시 스마트폰 보유 여부를 물어보는 설문 뒤에 있어야 할 것이다.

Tip 4 불필요한 중복 문항이 있는지, 반드시 물어봐야 하는 문항인지를 고려하여 가급적 설문 문항의 개수를 최소화해야 한다. 신뢰성을 검증하기 위하여 일부러 한두 문항을 중복 배치하는 경우도 있지만, 이런 경우가 아니라면 비슷한 문항을 반복해서 물어보지 않도록 한다.

6) 설문지의 편집 및 완성

서베이를 위한 설문 작성의 마지막 단계이다. 조사자가 응답자에게 제시하는 최종적으로 완성된 형태를 만든다. 오탈자, 잘못된 수식 등이 없는지 다시 확인하여야 하며, 설문 항목 중 누락된 부분이 없는지 이중으로 점검해야 한다. 아울러 시각적으로 편안하고 아름다운 디자인 편집은 응답자가 느끼는 피로감을 덜어줄 수 있다.

1) ~ 6)의 과정을 통하여 서베이를 위한 설문지 제작이 완료되면, 다음 단계는 설문지의 배포와 회수, 그리고 설문 완료 이후에는 통계 작업이 이루어진다.

설문지 배포와 회수 과정이 적절하지 못하면 엉뚱한 사람들에게 물어보고 전혀 쓸모없는 데이터를 얻을 수도 있다. 예를 들어 애완용품에 관한 질문이라면 당연히 반려동물을 키우거나 키운 경험이 있는 사람들만을 기준으로 응답 대상을 선정하고 관리하여야 한다.

아울러 적절한 규모의 응답자 숫자에 대한 고민도 필요하다. 유의미한 통계 분석이 가능한 적절한 표본 수에 정답은 없지만, 보통 전체 모집단의 특성을 대표할 수 있는 수준은 되어야 한다. 모집단을 대표한다는 것은 일부 응답자만으로도 전체 집단의 특성을 유추해낼 수 있다는 뜻이다. 전체 학생 수가 50명에 불과한 학급에서 학생들의 의견을 조사한다면 30명도 충분할 수 있다. 전체 직원의 수가 100명 정도인 기업에서 직원의 의견을 수렴한다면 50명도 가능할 것이다. 그러나 일반적으로 소비자 집단을 대상으로 한다면, 아무리 작은 집단이라고 해도 해당 모집단의 전체 구성원 수는 쉽게 수만 명 혹은 수십, 수백만 명을 초과한다. 당연히 규모가 큰 모집단의 특성을 설문 조사를 통하여 잡아내려면 더 많은 응답자가 필요하다. 다만 응답자 숫자가 증가할수록 조사 비용과 시간도 비례하여 증가하므로 실무적인 고민이 필요하다. 이런 이유로 일반 소비자 집단을 대상으로 하는 상업적 조사의 경우 보통 300명에서 500명 사이의 표본을 관행적으로 선정하기도 한다.

설문의 개발과 배포를 통하여 데이터를 수집한 이후에는 통계적 분석이 필요하다. 그런데 대부분 이 단계에서 수학과 통계 처리에 어려움을 느끼고 두려움이 앞서 서베이를 포기하고 만다. 통계에 대한 이해에 많은 시간이 소요되는 것은 사실이다. 회귀 분석, 분산 분석, 요인 분석, 생존 분석 등 일반인에게는 이름조차 생소한 다양한 분석 방법들이 존재하며 분석 결과를 도출하고 이해하는 것은 전문지식이 필요하다. 이는 일반 직장인은 물론이고 논문 작성이 일상인 대학원 학생이나 연구자에게도 마찬가지다. 그러나 소비자와 시장을 이해하고 제안서나 마케팅 전략 수립에 필요한 정보를 얻으려는 상업적 목적에서 서베이를 진행한다면 통계 분석에 대하여 지나치게 고민할 필요가 없다. 일단 서베이를 통하여 수집된 데이터를 엑셀을 옮긴 다음에 단순하게 평균을 내거나 % 등 빈도를 계산하는 정도, 조금 더 나가면 이런 평균과 %를 집단별로 도출하여 비교하는 정도만으로도 업무에서 필요한 정보 대부분을 얻을 수 있기 때문이다. 전문적인 리서치 기관의 서베이 결과 조사 보고서 내용의 90% 이상도 단순한 빈도, 평균, 집단간 평균 비교, 그리고 이를 표현한 단순한 그래프 정도로만 구성되어 있다. 물론 조사 목적에 따라서는 더 고차원의 통계 기법이 필요할 수도 있다. 하지만 의외로 실무에서 이런 경우를 만나기는 드물다. 그러니 통계 분석 과정에 미리 겁을 내지 않아도 된다.

2.3 금손 도구 소개

마케팅 서베이의 기본이 되는 설문지를 만들고 이를 통하여 데이터를 수집하기 위한 대안은 다양하다. 우선 전통적으로 가장 많이 해왔던 방법들은 한국 리서치, 동서 리서치, 한국 갤럽 등 마케팅 리서치나 서베이 전문 조사 기관에게 서베이 과정 전체를 맡기고 일임하는 아웃소싱Outsourcing 서비스이다. 현재 국내 리서치 시장에는 크고 작은 관련 업체들이 산재하고 있으며, 이들 리서치 기관들은 배경정보 조사, 설문지의 설계, 표본 설정 및 조사대상 면접, 데이터 수집 및 통계 처리, 보고서 작성 등 서베이에 필요한 전 과정을 토탈 서비스로 제공한다.

그러나 매번 서베이가 필요할 때마다 아웃소싱으로 처리하기는 곤란하다. 비용의 부담이 클 뿐만 아니라 기업의 상품과 서비스를 이해한 후 리서치를 진행하여 만족스러운 결과를 내기까지 상당한 시간이 소요되어 시의적절한 시기에 필요한 정보를 얻지 못하는 경우도 다반사이기 때문이다. 난이도와 표본 수에 따라 소모되는 비용과 시간이 제각각이기는 하지만, 보통 500명 정도를 대상으로 소비자 조사를 진행할 때 건당 최소 3천만 원 이상, 기간은 3개월 이상 소요되는 경우가 대부분이다. 외부 전문가의 도움을 받는 경우가 있더라도 가급적 자체적인 서베이 수행 능력이 조직 내에 필요한 것은 이 때문이다. 자체적인 서베이가 가능해지기 위해서는 온라인을 통하여 최소한의 인력과 비용으로 서베이를 실행하고, 수집된 데이터를 분석하기 위한 적절한 도구의 활용이 필요할 것이다.

서베이 도구

최근 온라인을 통한 인터넷 조사들이 활성화되면서, 개인 누구나 무료 혹은 월정액 기반의 저렴한 비용으로 온라인 마케팅 조사가 가능하도록 지원하는 다양한 서비스가 등장하고 있다. 해외의 대표적인 사이트로는 서베이몽키SurveyMonkey, 구글 폼즈Google Forms 등이 있으며, 국내에는 네이버 폼, 두잇서베이DOOIT 등이 활용되고 있다.

소개한 서비스들은 대부분 소액의 월정액을 지불해야 사용할 수 있다. 반면에 구글 폼즈는 완전 무료로 이용할 수 있으며 기능면에서 다른 유료 서비스와 견주어봐도 크게 꿀리는 점이 없다. 작성 가능한 설문 문항 수에 제한이 없으며 다양한 문항 형태와 동영상 등 미디어 포맷을 지원한다. 또한 수행된 결과를 엑셀 파일 형태로 다운로드하거나 간단한 통계 분석 결과를 실시간으로 보여주는 점도 장점이다.

국내외 서베이 도구 링크 모음
- [서베이몽키] surveymonkey.com
- [구글 폼즈] forms.google.com
- [두잇서베이] dooit.co.kr

통계 분석 도구

통계 패키지 소프트웨어

컴퓨터를 이용한 통계 분석이 보편화된 이후, 주변에서 통계 소프트웨어를 사용하는 경우를 보는 것은 어려운 일이 아니다. 마케팅 분야의 통계 분석자들이 가장 흔하게 사용하는 통계 패키지 프로그램은 리서치 조사에서 표준이 된 SPSS이며, 그 외에는 SAS, Minitab과 같은 상용 프로그램들이 있다. SPSS는 GUIGraphic User Interface 기반의 프로그램이라 오피스 프로그램에 익숙하다면 쉽게 조작할 수 있고, 매년 업그레이드를 통해서 방대하고 강력한 통계 분석 기능을 지원한다.

그러나 이런 강점과 편리성에도 불구하고 일반인이 손쉽게 구매하기 힘든 고가의 패키지라는 것이 가장 큰 제약사항이다. 개인적 목적으로 구매할 경우 최소 수백만 원을 호가하며, 기업이 구매할 경우에는 이용 조건에 따라서 억 단위가 손쉽게 넘어간다. 또한 확장 기능을 부가할 때마다 더 많은 추가 비용을 지불하여야 한다.

고비용 부담 때문에 현업에서 노코드 서비스를 제대로 사용하지 못하는 문제들이 제기되자, 오픈 소스 기반의 무료 통계 분석 프로그램들도 등장하기 시작했다. 대표적인 예가 R 프로젝트R Project이다. R은 통계 분석과 관련 그래픽 도출을 위한 완전한 무료 패키지이며 윈도우, 맥OS, 그리고 리눅스 같은 다양한 플랫폼에서도 운영이 가능하도록 커뮤니티가 중심이 된 개발자들이 새로운 패키지를 계속 개발하는 유연한 프로그램이다. 현재 적어도 5,000개 이상의 R 기반의 분석 패키지 모듈들이 개발되어 있다.

R이 이런 장점을 바탕으로 빅데이터 분석 등 최근 급부상한 통계 영역에서 인기를 끌고 있지만, SPSS 등 기존 프로그램들을 충분히 대체하지는 못했다. 그 이유는 R이 GUI 형태의 소프트웨어가 아니라 일일이 코드를 짜서 입력해야 하는 프로그래밍 도구의 형태를 가졌기 때문이다. 최근에는 통합개발환경IDE:

Intergrated Development Environment인 R Studio를 통하여 편리성이 다소 개선되었다고는 하나, 아직은 경쟁 프로그램들이 제공하는 편리한 GUI 환경에 비할 바는 아니다. 프로그래밍 방식에 따른 개발의 유연성은 장점이 될 수 있지만, 개발에 대한 학습 장벽으로 대다수의 일반 사용자에게 외면을 받고 있다. 과거 SPSS가 80년 대까지는 지금의 R과 똑같은 직접 코딩 방식이었지만 개선을 거듭하여 편리한 사용 환경으로 진화한 것을 고려하면 현재의 R은 대중화되기엔 편의성이 너무 부족하다.

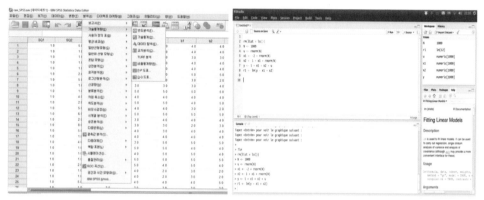

[그림 2-5] SPSS와 R Studio 화면 비교

오픈 소스 기반의 통계 소프트웨어

최근에는 R과 같은 강력한 통계 분석 기능과 다양한 OS 플랫폼 지원의 장점은 그대로 유지하면서, SPSS처럼 편리한 GUI를 갖춘 무료 통계 프로그램들이 공개되고 있다. 이런 프로그램의 대표 주자가 PSPP, JASP, 그리고 Jamovi 등이다. 여러 가지 선택 가능한 옵션이 있지만, 만일 직장에서 이미 SPSS나 SAS 등의 라이센스를 구입하였고, 많은 데이터 아카이브가 구축되어 있다면 당연히 기존 패키지를 사용하는 것이 최선일 것이다. 그러나 그렇지 않은 경우라면 위와 같은 공개된 노코드 기반의 프로그램들이 좋은 대안이 될 것이다. SPSS에 익숙하다면 PSPP를, 통계 분석 도구를 새롭게 배우기 시작한 경우에는 JASP나 Jamovi(자모비)를 선택할 수 있다.

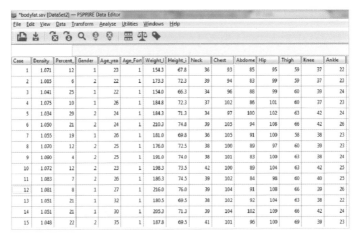

Case	Density	Percent_	Gender	Age_yea	Age_Fort	Weight_	Height_	Neck	Chest	Abdome	Hip	Thigh	Knee	Ankle
1	1.071	12	1	23	1	154.3	67.8	36	93	85	95	59	37	22
2	1.085	6	2	22	1	173.3	72.3	39	94	83	99	59	37	23
3	1.041	25	1	22	1	154.0	66.3	34	96	88	99	60	39	24
4	1.075	10	1	26	1	184.8	72.3	37	102	86	101	60	37	23
5	1.034	29	2	24	1	184.3	71.3	34	97	100	102	63	42	24
6	1.050	21	2	24	1	210.3	74.8	39	105	94	108	66	42	26
7	1.055	19	1	26	1	181.0	69.8	36	105	91	100	58	38	23
8	1.070	12	2	25	1	176.0	72.5	38	100	89	97	60	39	23
9	1.090	4	2	25	1	191.0	74.0	38	101	83	100	63	38	24
10	1.072	12	2	23	1	198.3	73.5	42	100	89	104	63	42	25
11	1.083	7	2	26	1	186.3	74.5	39	102	84	98	60	40	25
12	1.081	8	1	27	1	216.0	76.0	39	104	91	108	66	39	26
13	1.051	21	1	32	1	180.5	69.5	38	102	92	104	63	38	22
14	1.051	21	1	30	1	205.3	71.3	39	104	102	109	66	42	24
15	1.048	22	2	35	1	187.8	69.5	41	101	96	100	69	39	23

[그림 2-6] PSPP 화면

특히 Jamovi는 SPSS를 능가할 정도로 초보적인 기능부터 회귀 분석, 분산 분석, 구조방정식 모델 등 다양한 고급 통계 모듈들이 빠르게 추가되고 있고, R의 확장성을 그대로 가지고 있다는 점에서 추천할만하다. 또한 메뉴로 선택한 분석 과정은 필요하다면 R 코드로 자동으로 바꿔준다. Jamovi는 관련 홈페이지 (www.jamovi.org)에서 클라우드 버전, PC 버전, 리눅스 버전 등 거의 모든 사용자의 이용 환경에 맞는 버전으로 다운로드 및 설치가 가능하다.

[그림 2-7] Jamovi 홈페이지

본 도서에서는 구글 폼즈Google Forms를 이용한 온라인 서베이 진행과 기초적인 통계자료 확인까지만 분석하고자 한다. 구글 폼즈는 응답 결과를 기본적인 바 차트Bar chart 등 그래픽 형태로 요약하여 보여주고 있으며, 집단 간 빈도 분석, 평균 비교 등 보다 상세한 추가 분석이 필요한 경우에는 엑셀 파일 형태로 다운로드한 이후에 분석을 진행할 수 있다. 다만 회귀 분석, 분산 분석 등 보다 통계적인 방법론의 적용이 필요하거나 논문 작성에 이용하는 경우에는 앞서 소개한 전문적인 통계 프로그램의 활용이 필요할 것이다. 어느 프로그램을 쓰더라도 통계 결과가 크게 달라지지는 않으므로 보다 익숙한 도구를 사용할 것을 권한다. 도입 비용과 관행 등을 고려할 때, 학문적 용도의 사용이라면 SPSS를, 업무에서의 활용이라면 R이나 이에 기반한 Jamovi 사용이 보다 현명한 선택이 될 수 있다.

2.4 서베이 리서치 자동화 실습 – 구글 폼즈

설문지 문항과 질문 순서 등 전반적인 서베이 구조의 구상이 완료되었다면 설문지를 만들 준비가 된 것이다. 이 절에서는 서베이 도구로 구글 폼즈Google Forms를 이용하는 방법을 소개한다. 먼저 구글 폼즈의 기능과 환경을 살펴본 후 온라인 설문지를 직접 만들어 볼 것이다. 실습을 참조하여 서베이 리서치 자동화 방법을 알아보자.

구글 폼즈로 접속

구글 폼즈로 서베이를 진행하려면 구글 계정이 필요하다. 구글 폼즈 사이트 (docs.google.com/forms)를 방문하여 구글 로그인을 한다. 다음은 로그인을 한 이후 나타나는 구글 폼즈의 설문지 초기화면이다.

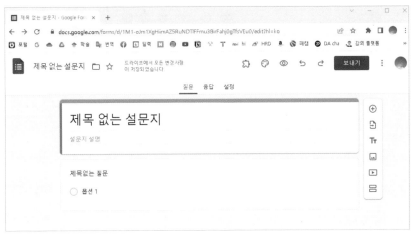

[그림 2-8] 로그인 후 구글 폼즈 초기 화면

 크롬 브라우저로 실행 권장

구글 폼즈는 어느 웹 브라우저든 별다른 문제없이 작동하지만, 부가 기능(Add-ons)*을 사용하는 등 보다 편리하게 사용하기 위해 크롬 브라우저로 실행하기를 권장한다.

(* **부가 기능**이 무엇인지는 **구글 폼즈의 기본 작업 환경**에서 알아볼 것이다.)

구글 폼즈의 기본 작업 환경

구글 폼즈는 주요 기능이 그래픽 아이콘 형태로 구현되어 있다. 클릭만으로 기능을 실행할 수 있어 설문지 작성을 처음 접하는 초보자도 쉽게 작업할 수 있다.

우선 구글 폼즈의 전반적인 작업 환경을 결정하는 메뉴와 아이콘을 이해해보자. 브라우저 화면의 상단을 보면 설문지의 제목을 바꾸고, 디자인과 색상을 보기 좋게 꾸미고, 설문지를 발송하거나 공유하는 등의 기능들로 구성되어 있다. 각 기능을 하나씩 살펴보자.

[그림 2-9] 구글 폼즈 기본 작업 환경

① **설문지 제목**: MS 오피스 파일이나 한글 파일을 만든 후 파일 이름을 붙이는 것처럼 설문지 역시 제목을 결정해야 한다. 설문지를 생성하면 '제목 없는 설문지'라는 이름으로 자동 저장이 되는데, 작업 중인 설문지가 다수라면 다른 설문지와 구별하기 어려울 것이다. 설문지 제목은 구글 폼즈나 구글 드라이브에서 다른 설문지와 구별하는 파일명으로도 사용될 뿐만 아니라 설문 응답자에게도 제목은 동일하게 보인다. 따라서 제목에 서베이의 목적을 간결하게 잘 나타낼 필요가 있다. 설문지 제목은 화면 좌측 상단의 제목 창에 직접 입력하거나 설문지 내에서 입력하면 변경된다. 둘 중 어느 곳에서 입력하든 동일하게 반영된다.

② **질문**: 설문지 문항을 작성하기 위한 기본 작업 화면이다. 설문지 화면 상단에 **질문, 응답, 설정**으로 전환할 수 있는 링크가 있는데, 이는 엑셀에서 탭 전환하는 것과 유사하다. **질문**을 클릭하면 다른 환경 설정을 하다가 언제라도 설문지 작성으로 돌아올 수 있다.

③ **응답**: 현재 몇 명이 설문에 응답을 완료하였는지 확인할 수 있다. 이외에도 응답 화면에서는 **응답받기**와 Sheets에 연결 기능을 제공한다. **Sheets에 연결** 아이콘을 클릭하면 지금까지 응답한 결과를 구글 스프레드시트 형태로 전환한 후

엑셀, txt, csv 등 다양한 데이터 포맷으로 받을 수 있다. 자동으로 생성되는 스프레드시트의 파일명은 설문지 파일명과 동일하게 설정되며 추후 변경할 수 있다. 다운로드한 파일은 이후 엑셀이나 SPSS나 Jamovi, R 등 통계 소프트웨어에서 불러와 추가적으로 분석할 수 있다. **응답받기** 버튼을 이용하면 응답자의 설문 참여를 막을 수 있다. 목표 응답자 수를 달성하거나 중간에 조사를 중단해야 한다면 이 버튼을 클릭하여 응답을 받지 않는 상태로 전환하면 된다.

[그림 2-10] 구글 폼즈 응답 화면

④ **설정**: 설정에서는 설문지의 추가적 옵션을 다룬다. 우선 **퀴즈로 만들기** 기능은 설문 문항 각각에 점수를 할당하고 정답을 설정할 수 있도록 해준다. 이 기능으로 구글 폼즈를 마치 온라인 퀴즈나 시험지처럼 활용할 수 있고, 온라인 설문지를 이용하여 시험 문제의 출제와 자동 채점, 정답 확인까지 즉석에서 할 수 있다. 또한 **응답** 그리고 **프레젠테이션** 기능으로 자동으로 응답자의 이메일 주소 수집 여부, 응답 횟수 1회로 제한 여부, 설문지 응답 진행률 표시, 질문 순서 무작위 섞기, 설문 종료 후 확인 메시지 등을 추가 설정할 수 있다. 일반적으로 대부분의 옵션 기본값들은 건드리지 않아도 될 것이다. 다만, 설문 종료 후 확인 메시지의 기본 안내가 '응답이 기록되었습니다'로 표시되는데, 이는 다소 한국어가 어색하다. 이를 확인 메시지 변경을 통하여 '고객님의 소중한 의견에 감사드립니다. 00전자 담당자 드림'처럼 자기 기업이나 서베이 목적에 맞도록 맞춤화할 수 있다.

⑤ **부가 기능**: 구글 크롬에 애드온Add-on 형태로 필요한 확장 프로그램을 구글 폼즈
에 설치한 후 보다 다양한 기능을 활용할 수 있다. 구글 폼즈의 **더 보기** 메뉴에
서 **부가기능 설치하기**를 클릭하거나(그림 2-11 참조), 구글 워크스페이스 마켓플
레이스(workspace.google.com/marketplace)에 접속한 후 'forms'를 검색하면 구
글 폼즈 관련 다양한 확장 프로그램이 나온다. 이를 설치하면 구글 폼즈에서
부가 기능을 사용할 수 있다.

[그림 2–11] 부가기능 설치하기

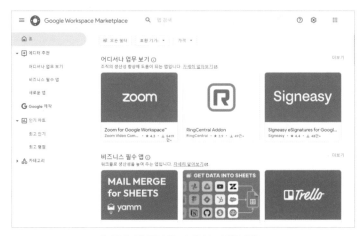

[그림 2–12] 구글 워크스페이스 마켓플레이스

부가 기능 활용 예

부가 기능을 잘 활용하면 구글 폼즈를 보다 전문적으로 만들어주며 마케팅 자동화에 유용하게 쓸 수 있다. 예를 들어 Beep 확장 앱(예: Voice Notes for Google Docs - Beep)을 설치하면 구글 폼즈를 통하여 응답자의 음성으로 구현된 코멘트를 직접 받을 수 있다. 메일 머지(Mail Merge) 기능을 이용하면 설문지를 온라인으로 발송할 때 '홍길동 님. 메일 응답바랍니다'처럼 개인화된 메일 발송도 가능하다. 폼 리미터(formLimiter)를 이용하면 설문 응답자가 일정한 응답자 목표 수치에 도달하거나 사전에 정해진 날짜와 시간에 도달하면 설문을 자동으로 종료할 수 있다. 이외에도 도움이 되는 다양한 부가 기능이 있으니 참고하여 사용해보길 바란다.

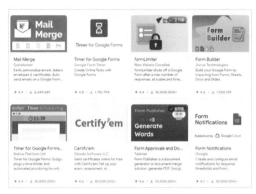

[그림 2-13] 구글 폼즈 관련 부가 기능들

⑥ **테마 맞춤 설정**: 테마 설정에서는 글꼴과 글자 크기의 기본값을 지정하고, 설문지 배경색을 직접 고를 수 있다. 또한 머리글에 넣을 이미지를 선택하여 설문지 상단에 사진이나 그림을 넣을 수 있다. 구글 폼즈가 기본 제공하는 사진을 사용할 수도 있으나, 서베이 기업의 관련 사진이나 브랜드 연관 이미지를 준비하여 업로드한다면 보다 전문적인 느낌을 줄 것이다.

[그림 2-14] 머리말 이미지를 업로드한 예

⑦ **미리보기**: 작성된 설문지가 응답자에게 어떻게 보일지 전반적인 레이아웃과 디자인을 미리 보여준다. 작성 결과를 수시로 확인하여 디자인 완성도를 높일 수 있다.

⑧ **보내기**: 온라인 설문지를 응답자에게 보내려면 이메일, 소셜 미디어나 웹 링크가 필요하다. 보내기 메뉴에서는 직접 응답자의 이메일 주소로 설문 참여 링크가 포함된 메일을 보낼 수도 있으며, 혹은 소셜 미디어나 문자, 카톡, QR코드 형태로 배포할 수 있는 URL 링크를 만들 수 있다. 이때 **URL 단축**을 체크하면 SMS 문자 발송 등에 용이하도록 짧게 단축된 URL 주소를 보여준다.

[그림 2-15] 설문지 보내기

⑨ **더 보기**: 화면 우측 상단 끝의 **더 보기** 버튼은 설문지의 사본 만들기, 삭제, 인쇄, 공동 작업자 지정 등의 부가적 기능을 제공한다. 여러 명이 설문지를 공동으로 검토하고 작성할 때 공동 작업자를 추가할 수 있으며, **부가 기능**을 클릭하면 구글 폼즈와 호환되는 애드온 프로그램들을 보여주고 선택하게 한다.

설문지 환경 설정

구글 폼즈의 기본적인 작업 환경의 구성을 살펴보았으니 본격적으로 작성된 설문 문항을 온라인 설문지에 구현할 차례이다.

[그림 2-16] 설문지 환경

① **질문 추가**: 설문 문항을 추가할 때 사용한다. 클릭할 때마다 질문이 하나씩 추가되며, 추가된 질문은 용도에 따라 수정할 수 있다. 이외에도 이미 만들어진 질문을 복사하여 질문 추가하는 것도 가능하다.

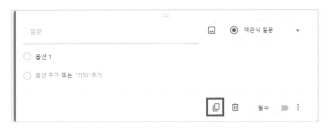

[그림 2-17] 질문 복사

② **질문 가져오기**: 이미 작성한 설문지가 있다면 그 설문지의 질문 문항들을 불러와서 활용할 수 있다.

③ **제목 및 설명 추가**: 질문은 아니지만 필요한 제목과 설명을 추가할 수 있다. 제목과 설명은 설문지 문항이 길거나 페이지가 많아 설문지를 섹터별로 나눈 경우, 중간 설명용으로 사용된다.

④ **이미지 추가**: 질문은 아니지만 설문 내용을 이해하는 데 필요한 사진이나 이미지를 입력할 수 있다. 예를 들어 신제품의 사진이 없다면 신제품에 대한 평가

를 내리기 어려울 것이다. 혹은 응답자를 독려하기 위해 설문 응답에 대한 소정의 선물이 무엇인지 사진으로 보여줄 수도 있다. 이런 경우 이미지를 추가하여 보여준 후 설문을 받을 수 있다.

⑤ **동영상 추가**: 유튜브에 업로드된 동영상을 설문의 보조 도구로 삽입할 수 있다. 자신이 가진 동영상을 설문에 삽입하려면 우선 유튜브에 업로드한 이후에 가능하다.

⑥ **섹션 추가**: 구글 설문지는 보통 하나의 웹페이지로 제시되지만, 필요한 경우 설문지를 페이지 단위인 섹션으로 나눌 수 있다. 섹션으로 나누어진 설문지는 응답자에게 한 번에 노출되지 않고, 하나의 섹션 페이지에서 모든 응답을 마치면 다음 섹션의 페이지로 넘어가는 형태로 나타난다. 보통 설문의 문항이 길거나 다소 상이한 내용으로 설문의 주제가 전환될 때 섹션 페이지 단위로 나누어 활용한다.

질문 문항 작성

질문 추가 아이콘을 클릭하면 보통 '객관식 질문'에 적합한 설문 양식이 자동으로 생성된다. 다른 질문 양식으로 바꾸고자 한다면 각 질문의 우측 상단에 제공되는 드롭다운 메뉴를 선택하면 된다. 질문 양식을 분석 용도에 맞게 취사선택하면서 질문을 하나씩 완성해가면 된다. 구글 폼즈가 제공하는 질문 양식은 단답형, 장문형 객관식 질문, 체크박스, 드롭다운, 파일 업로드, 선형 배율, 객관식 그리드, 체크박스 그리드, 날짜, 시간이다.

[그림 2-18] 질문 드롭다운 메뉴

또한 작성된 각 질문의 하단에는 복사, 삭제, 필수, 그리고 추가 옵션 설정을 위한 메뉴(옵션 더 보기)가 존재한다. **복사**는 이미 만든 질문을 복사하여 똑같은 질문을 하나 더 만들어준다. 설문에 유사한 질문 형태가 반복된다면 이전 질문을 복사한 후 내용만 바꾸면 시간 절약이 된다. **삭제**는 불필요해진 질문을 삭제할 수 있다. **필수**는 필수 문항을 만들 때 쓰인다. 버튼을 우측으로 슬라이드하면 활성화되는데, 이는 본 문항에 반드시 응답하여야 하며 응답하지 않은 경우에는 다음 문항으로 넘어가지 못한다. 그리고 **옵션 더 보기**는 질문 형태별로 추가 설정할 수 있는 옵션을 보여준다.

[그림 2-19] 질문 하단 옵션

질문 드롭다운 메뉴

지금까지 질문 작성에 관련한 구성을 큰 맥락으로 알아보았다. 이제 드롭다운 메뉴들을 자세히 살펴보면서 질문 유형별 활용 방법 등을 알아보자.

단답형 및 장문형

단답형은 짧은 주관식 답변을 받는 용도(짧은 단어나 문장 혹은 숫자)로 사용한다. 반면에 장문형은 비교적 긴 주관식 의견을 입력받는 용도로 사용한다. 응답자의 연령을 주관식으로 받는다면 단답형, 특정 신상품에 대한 소비자의 자유로운 의견을 묻는다면 장문형이 적합하다.

응답 확인을 활용한 답변 형식 통일

문항 하단의 옵션 **더 보기 → 응답 확인** 기능을 통하여 주관식이지만 답변이 일정한 형식을 따를 것을 요청할 수 있다. 이는 올바른 데이터만을 받아 활용할 수 있도록 도와주며, 코딩을 편하게 해줄 것이다.

[그림 2-20] 응답 확인 설정

예를 들어 응답자의 연령을 단답형 질문으로 물어본다면 대부분은 29, 34 같은 숫자로 입력할 것이다. 그러나 27살, 33세, 서른 살, 혹은 오타로 잘못 입력한 233 같은 예상치 못한 다양한 답변이 나올 수도 있다. 이때 숫자만 입력받으며 숫자 외의 문자가 포함될 경우에는 안내 메시지를 띄워서 다시 입력할 것을 자동으로 요청할 수 있다. 즉, 숫자로만 응답하게 하거나 응답 가능한 연령을 19~99세로 제한하여 오타가 입력되지 못하도록 한다.

이외에도 전화번호를 010-900-1234 같은 특정 포맷으로만 입력하게 하는 등 요청이 가능하다. **응답 확인**을 클릭한 후 숫자, 텍스트, 길이, 정규 표현식 중 하나를 선택하고 범위나 입력 포맷을 입력하면 된다. 정규식은 엑셀이나 전자 계산기에서 사용하는 일반적인 수학 정규식 규칙과 거의 동일하므로 설명은 생략한다.

[그림 2-21] 단답형의 응답 확인 유형

객관식 질문, 체크박스, 드롭다운

객관식 질문은 주로 제시된 다수의 보기 중에서 하나를 선택하거나 보기 기능을 응용하여 5점 척도 등 간단한 척도 문항을 만들 때도 사용할 수 있다. 설문 문항을 작성할 때는 질문 내용을 입력한 이후에 보기를 차례로 추가하여 입력해주면 된다. 하나의 보기에 내용을 입력하면 다음 보기가 자동 생성되며, 더 이상 보기를 늘리고 싶지 않을 때는 입력하지 않고 마무리하면 된다.

드롭다운 방식의 질문은 객관식 질문과 시각적으로 제시되는 형태만 다를 뿐 기본적인 기능은 같다. 드롭다운 박스는 객관식 질문과 다르게 드롭다운 메뉴를 클릭하기 전에는 보기가 보이지 않는 특성이 있다.

드롭다운과 객관식 질문은 보기 중에서 단 1개만 선택할 수 있는 반면, **체크박스**는 복수의 보기 선택이 가능하다. 설문지 작성에 대한 약속으로, 보통 단일 선택 문항은 ○, 복수 선택 문항은 경우에는 □를 보기의 표현 방식으로 사용한다.

특정 문항에 대하여 단일 선택만 허용할지 복수 선택을 허용할지 여부는 문항의 성격에 따라 달라질 것이다. 만일 응답자에게 주민등록상의 주 거주지를 물어본다면 한 가지 응답만 가능하므로 객관식 질문이나 드롭박스를 선택해야 할 것이다. 법적으로 두 개의 주민등록주소를 가진 사람은 사실상 없을 것이기 때문이다. 하지만 평소 개인이 좋아하는 음식을 고른다면 보통 복수 선택을 허용하게 될 것이다. 두 가지 이상의 음식을 좋아하는 것은 흔히 볼 수 있으며, 이 중에 하나만 고르게 하는 것이 적절하지 않을 수 있기 때문이다.

[그림 2-22] 다양한 보기 선택

파일 업로드

온라인 서베이 조사는 보통 스마트폰이나 PC에서 진행되므로, 필요 시 응답자로부터 이미지나 문서 등 파일을 받을 수 있다. 예를 들어 사용 중인 제품의 사진을 찍어서 이미지 파일로 저장하거나 소비자의 다이어리 등을 워드로 작성하게 한 후 파일 공유를 요청하는 방식으로 활용할 수 있다. 혹은 구글 폼즈를 이용하여 사내의 관련 자료를 취합한다면 당연히 이미지, 워드, 아래한글, PDF 등 다양한 포맷의 파일을 받아야만 할 것이다. 파일 기능은 이러한 경우에 도움이 된다.

다만 조사자의 구글 드라이브 용량 한도 내에서만 파일을 받을 수 있다는 점을 주의하자. 구글 드라이브의 유료 서비스를 이용 중이어서 저장 용량에 충분히 여유가 있다면 상관없지만, 용량이 부족하다면 드라이브 용량을 미리 확보하거나 비운 다음에 하면 좋을 것이다. 참고로 **구글 폼즈의 허용 용량은 구글 드라이브, 구글 사진, 구글 지메일 등과 공유한다.** 파일 업로드를 요청하기 전에 허용 용량이 어느 정도 남았는지 꼭 확인한다.

업로드 기능으로 모든 파일 형식을 받거나 특정 파일 형식(문서, PDF, 그림 등)만 받을 수도 있는데, 보통 파일 형식을 제한해야 하는 경우는 드물다. 그보다는 업로드 가능한 파일의 개수와 파일별 최대 용량을 지정하는 데 주의가 필요하다. 누군가가 실수로 지나치게 용량이 큰 파일을 업로드하면 용량 문제로 다른 응답자가 파일 업로드를 할 수 없게 된다. 그러므로 파일의 개수나 용량에 적절한 사전 제한을 두는 것이 좋다. 업로드된 파일은 서베이가 완료된 이후에 조사자의 구글 드라이브 계정에서 직접 확인하거나 응답 결과에 표시되는 다운로드 링크를 통하여 즉각적 확인이 가능하다.

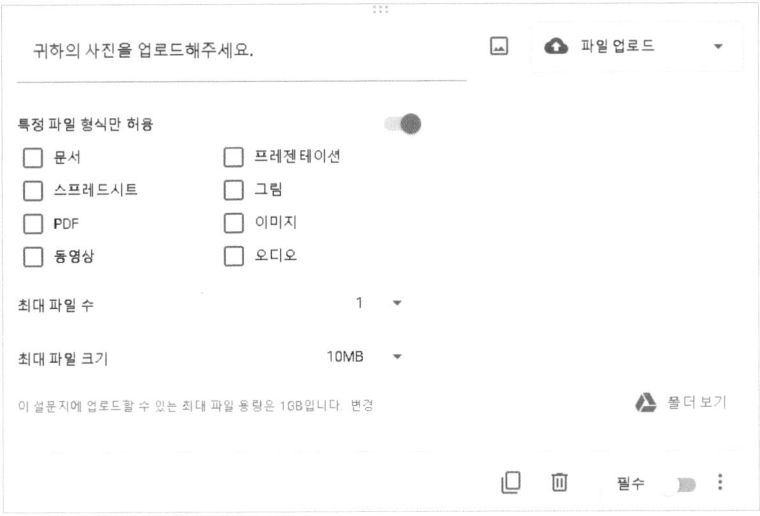

[그림 2-23] 업로드 파일 양식

선형 배율과 그리드

보통 서베이 조사에서는 5점 척도, 7점 척도 등의 척도scale가 자주 사용된다. 척도의 유형은 설문지의 질문을 통하여 얻을 수 있는 데이터의 종류와 적용 가능한 통계 분석 방법을 결정한다. 주요한 척도는 명목 척도, 등간 척도, 비율 척도 등이 있다.

■ **척도의 유형**

명목 척도는 이름이나 학번, 야구선수 등 번호처럼 단순히 대상이나 특성을 분류하는 목적으로 사용된다. 반면에 **등간 척도**는 동일한 간격이라는 뜻 그대로 응답 결과 간에 동일한 심리적 간격_{마음에서 느껴지는 정도}이 유지되고 있음을 의미한다. 예를 들어 서비스를 경험한 다음에 느끼는 불만족과 보통 간의 심리적 간격은 만족과 보통 간의 심리적 간격과 같다. 한편 **비율 척도**는 절대적인 기준이 없는 등간 척도와 다르게 절대적 기준점, 즉 0점이 존재한다. 예를 들어 몸무게나 키, 사용 경험 등을 주관식 문항으로 물어보는 경우의 보기로써 0보다 작은 값 (-3kg, -5회 등)은 존재할 수 없다. 이런 특성 때문에 명목 척도가 단순히 빈도나 %를 계산하는 것만 할 수 있는 것에 비해, 등간 척도나 비율 척도는 나누기, 곱하기 등 거의 모든 수학적 계산이 가능하다. 즉, 통계 분석을 할 때보다 활용성이 높은 데이터를 얻을 수 있다.

다음 예시는 가장 흔하게 쓰이는 명목 척도, 등간 척도를 사용한 것이다.

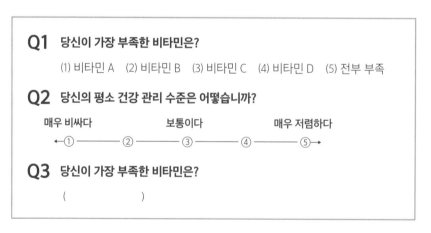

▪ 구글 폼즈로 척도 문항 구현하기

앞서 확인한 척도 문항 예시를 구글 폼즈로 구현하는 방법은 다양하다. 우선 명목 척도는 단답형 질문, 객관식 질문이나 혹은 드롭다운으로도 만들 수 있다. 보통 절대 척도는 있는 그대로의 숫자값을 받으므로 단답형 주관식 질문으로 만들 수 있다. 등간 척도는 한두 개의 척도만을 만들어야 한다면 객관식 질문으로도 간단히 만들 수 있다. 반면에 등간 척도를 여러 개 만들어야 한다면 선형 배율이나 그리드로 만드는 것이 효율적이다.

아래의 예시는 등간 척도로 측정되는 서비스 만족도를 객관식 질문, 객관식 그리드, 선형 배율의 세 가지 형태를 이용하여 만든 것이다. 이 경우 어떤 질문 형태로 만들더라도 입력받는 결과값은 모두 동일한 의미로 통계 처리가 가능하다.

[그림 2-24] 등간 척도 작성 예시

객관식 질문 작성은 앞서 알아보았으니 선형 배율, 객관식 그리드로 척도 문항을 작성하는 방법과 특징을 알아보자.

선형 배율로 등간 척도를 만들려면 질문 형태를 '선형 배율'로 선택한 후 척도점을 지정한다. (척도점 지정은 5점 혹은 7점 척도처럼 등간을 구분하는 구분점을 몇 개 만들지 결정하는 것을 의미한다.) 그 후 척도점에 대한 설명을 입력해 응답자가 그 의미를 충분히 이해할 수 있도록 한다. 예를 들어 만족도에 대한 척도점을 1, 2, 3, 4, 5라고만 표기하면 응답자는 어느 쪽으로 갈수록 만족도 높은 건지 알기 어렵다. 설문지 작성자 의도에 따라 1이 '매우 만족'을 의미할 수 있고, 그 반대인 '매우 불만족'을 의미할 수도 있기 때문이다. 선형 배율은 설명을 시작과 끝에만 붙일 수 있어서 보통 의미가 차별화된 등간 척도를 만들 때도 많이 쓰인다. 이를테면 '차갑다-뜨겁다' 혹은 '공격적이다-방어적이다'처럼 상반되는 의미를 지닌 정도를 측정할 때 편리하다.

[그림 2-25] 선형 배율을 이용한 등간 척도 문항 작성 예시

객관식 그리드는 연속되는 등간 척도를 만들 때 편리하다. 객관식 그리드를 사용하는 이유를 이해할 수 있도록 예를 들어보겠다. 스마트폰의 만족도를 조사한다면 만족도의 구성 요소는 가격, 디자인, 액정 크기, 성능 등이 있을 것이다. 이렇게 다양한 요소에 대한 만족도를 측정한다고 할 때, 질문을 객관식 질문이나 선형 배율로 구현하면 동일한 지문을 수차례 반복해야 해서 설문지 양은 증가하고 응답자의 읽기 피로도가 커진다. 이런 경우에는 여러 척도 문항을 한눈에 볼 수 있는 객관식 그리드를 사용하면 편리하다.

스마트폰에 대한 당신의 만족도는?

	매우 불만	불만	보통	만족	매우 만족
액정 크기	○	○	○	○	○
배터리 용량	○	○	○	○	○
가격	○	○	○	○	○
사후 서비스	○	○	○	○	○

객관식 그리드를 만들려면 행row과 열column을 이해하여야 한다. 행에는 평가 항목 등 질문 내용이, 열에는 척도점과 설명이 들어간다. 필요에 따라 척도점은 계속 입력하여 추가할 수 있고, 각 척도점에 대한 설명도 보다 상세히 달 수 있다.

[그림 2-26] 객관식 그리드를 이용한 척도 문항 작성 예시

 등간 척도 구현에 적절한 질문 형식은 무엇일까?

등간 척도를 구현하는 데 어떤 구글 폼즈 질문 형식이 더 타당할까? 문항 수가 한두 개 정도라면 객관식 질문으로 확인하는 것이 친절해보일 것이다. 그러나 등간 척도를 구현하는 때는 보통 선택형 질문이 연속적으로 있는 경우이다. 이럴 땐 객관식 질문보다는 객관식 그리드 등으로 작성하는 것이 응답자 입장에서 응답하기 편하다.

그리고 앞서 다루진 않았지만 객관식 그리드와 유사한 질문 형식으로 체크박스 그리드가 있다. 둘의 차이는 복수 응답 가능 여부이다. 객관식 그리드는 한 가지 응답만 선택할 수 있지만 체크박스 그리드는 복수 응답이 가능하다. 여러 척도 문항을 질문하면서 복수 응답을 허용할 경우엔 체크박스 그리드를 선택하는 것이 적절할 것이다.

날짜, 시간

마지막으로 구글 폼즈에서 구현 가능한 질문 형태로 날짜, 시간이 있다. 이들은 특정한 포맷에 따라 입력되는데, 예를 들어 응답자가 날짜를 응답할 때 달력 아이콘을 클릭하면 간단한 캘린더가 팝업되어 직접 날짜 선택을 할 수 있게 된다.

[그림 2-27] 날짜 입력 양식

설문지 작성 이후 과정

이제 기본적인 설문지 작성 기능에 대한 설명은 끝났다. 지금까지 설명한 내용을 바탕으로 직접 자신이 원하는 질문을 최종적으로 얻고자 하는 데이터 형태와 척도를 고려하면서 제작하면 온라인 설문지는 완성될 것이다.

구글 설문지를 만든 이후에는 설문지 링크를 이메일이나 카톡, 문자, 소셜미디어, QR코드 등 다양한 온라인, 오프라인 수단들을 이용하여 서베이 대상자들에게 보낼 수 있다. 설문지 링크는 구글 폼즈 웹사이트 좌측 상단의 **보내기** 버튼을 클릭해서 생성할 수 있다.

일정 기간이 경과되어 서베이 조사 진행이 완료된 이후에는 구글 폼즈 상단 중앙의 **응답**을 클릭하여 응답자 수를 확인하고, 자동적으로 생성된 빈도 중심의 간단한 요약 통계 결과를 볼 수 있다. 또한 구글 스프레드시트로 데이터를 확인하고 엑셀, txt 등 다양한 형태로 응답 자료를 다운로드할 수 있다.

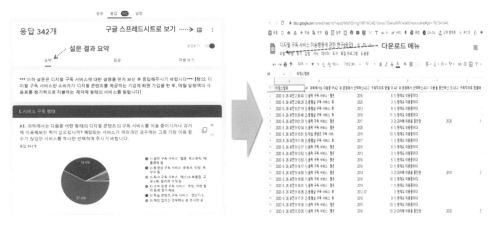

[그림 2-28] 요약 결과 보기

이처럼 서베이를 통한 데이터 수집 과정이 완료되고 나면 데이터를 엑셀로 옮겨서 데이터 변환 등 약간의 추가 작업 후, 빈도나 평균 등 통계 분석을 추가적으로 진행할 수도 있을 것이다. 다만 통계 분석을 위해서는 구글 폼즈로 입력된 결과값들은 추가로 변환이 필요하다. 만일 등간 척도를 불만족, 보통, 만족처럼 한글로 설명하는 단답형 문항 혹은 설명 형태의 3점 척도로 만들었다면 어떻게 만족도의 평균을 구할 수 있을까? 엑셀의 '찾아 바꾸기' 기능을 이용하여 불만족=1, 보통=2, 만족=3과 같이 데이터를 숫자로 일괄적으로 변환해주면 된다. 이처럼 수치로 변환 가능한 척도가 있을 땐 데이터를 엑셀로 불러온 뒤 변환이 필요한 값들을 모두 바꾸도록 한다.

단순한 빈도나 평균도 의미가 있지만 집단 간 평균이나 빈도, 퍼센트 등을 추가로 비교하면 더 큰 데이터 인사이트를 얻을 수 있다. 예를 들어 컵라면을 제조하는 식품회사가 대규모 소비자 조사를 통해 다음과 같은 데이터를 얻었다고 가정하자.

- **1인당 월간 컵라면 소비량**: 2.5개
- **브랜드별 자사 점유율**: 30%
- **브랜드별 경쟁사 점유율**: 70%

분명 이 결과로도 의미가 있는 자료지만 더 세분하여 자료를 볼 수 없다면 데이터의 쓰임새는 제한적일 것이다. 이는 모든 마케팅 전략의 기본이 세분화 및 차별화에 있기 때문이다. 모든 사람들이 평균적으로 2.5개 소비하는 것이 중요한 것이 아니라 우리 기업의 목표 고객이 몇 개 소비하는지, 그리고 잠재 고객 집단이 몇 개 소비하는지가 더 중요한 정보이다.

만일 라면 제조기업이 도달하고자 하는 목표 고객이 1인 가구인데 소비자 조사 결과가 다음과 같다면 어떨까?

〈2~3인 가구 기준〉	〈1인 가구 기준〉
• **월간 컵라면 소비량**: 5개	• **월간 컵라면 소비량**: 0.6개
• **브랜드별 자사 점유율**: 80%	• **브랜드별 자사 점유율**: 20%

현재 마케팅은 무엇인가 개선이 필요하다는 신호로 인식될 것이다. 즉, 연령대별 소비량, 지역별 점유율, 성별 소비량 등 **정보를 세분화함으로써 정보의 가치는 높아진다.**

이런 세분화된 비교 분석을 위해서는 기초 통계 중 하나인 평균 비교와 교차 분석cross-tab을 진행해야 할 수도 있다. **평균 비교**는 집단 간 평균의 차이를, **교차 분석**은 집단 간 빈도와 비율(%)의 차이를 분석한다. 보다 다양하고 강력한 통계 분석도 다수 있지만, 이 두 분석은 마케팅 보고서 작성에 필요한 최소한이자 가장 자주 쓰이는 통계 분석이다. 이 두 분석은 엑셀을 통해서도 구현할 수 있지만, 자모비Jamovi 등 공개된 통계 패키지를 이용할 경우 클릭 몇 번만으로도 결과를 확인할 수 있을 정도로 간단하게 이용할 수 있다. 다만 보다 다양한 통계 분석이나 데이터 마케팅에 관심이 있다면 추가적으로 학습이 필요할 것이다.

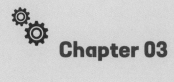

Chapter 03

머신러닝
데이터 분석 자동화

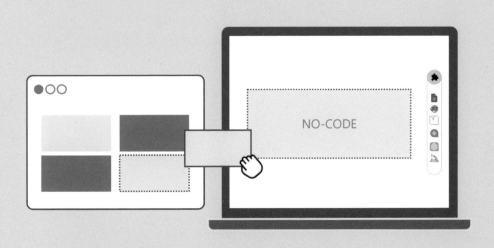

데이터의 소스가 서베이든지 애널리틱스나 다른 소스를 통해 데이터를 획득했든지 수집된 모든 데이터는 분석이 필요하다. 이를 적절히 가공하고 처리하지 않으면 데이터가 정보나 인사이트 이상의 가치를 가지긴 어렵다. 데이터를 가공하고 분석하고, 이에 기반한 통계적 판단을 내리는 것은 더 나은 의사결정을 이끌고 마케팅 전략을 강화하여 경쟁력을 높이는 데 도움을 준다. 또한 데이터 분석으로 가능한 미래 예측은 기업 경영의 영원한 숙제인 환경이나 시장의 불확실성을 관리 가능한 수준으로 감소시키는 효과가 있다. 다만 이런 통계적 분석을 수행하기 위해서는 수학적, 통계적 지식과 더불어 상당한 고가의 전문 통계 소프트웨어를 다룰 수 있는 기술과 경험이 필요하다. 이는 그간 데이터 기반 마케팅의 실행에 큰 장애요인이었다.

그런데 최근 등장한 인공지능과 머신러닝의 발전은 전문 통계 영역에도 큰 영향을 주었다. 전문 통계 과정의 상당 부분이 자동화되었고 누구나 이용이 가능하도록 진화하고 있다. 그 예로 오렌지Orange라는 머신러닝 기반의 강력한 통계 분석 도구가 있는데, 이번 챕터는 오렌지를 활용하여 데이터 문해력을 높인다.

3.0 어떤 상황에서 사용될까?

사례 1 마케팅 관리자의 고민

과거 브랜드 성과나 고객 만족을 강조하던 전통적 마케팅에서 매출, 전환 등 성과를 강조하는 퍼포먼스 마케팅으로 변환되면서 마케팅 관리자들은 그 어느 때보다 고민이 늘어났다. 이제는 필요한 마케팅 예산이나 온라인 광고비를 확보하기 위해서는 관련된 예산 투입이 얼마만큼의 성과를 가져올 수 있는지 예측하고 데이터로 신뢰할만한 결과치를 제시하지 않고는 어려워졌기 때문이다. '네이버 광고비를 지금보다 20% 늘린다면 매출이나 이익은 얼마나 증가할 것인가' 혹은 'CS 활동을 강화해서 고객 만족도가 10% 증가한다면, 이는 유의미하게 콜센터 문의 전화를 줄여주고, 비용 절감에도 도움이 될 것인가'와 같은 경영진의 구체적인 질문에 진땀을 흘린 적이 한두 번이 아니다. 특히 매출 규모가 작거나 발생된 이익이 충분하지 않으면 마케팅 비용 한 푼 한 푼이 아쉬운 상황임을 잘 알기에 이를 무시하기도 어렵다. 어림짐작이 아니라 과학적인 예측이나 근거를 가지고 답할 수 있다면, 마케팅 활동에도 자신감이 생기고 경영진에 대한 설득은 더욱 쉬워질 것이다.

사례 2 서비스 개발 부서의 고민

최근 넷플릭스나 교보문고 등 온라인 콘텐츠를 제공하는 기업들은 고객 맞춤형 추천 상품과 콘텐츠를 제공하며 높은 성과를 거두고 있다. 경쟁사에 뒤처지지 않기 위해서라도 개인화된 서비스나 추천 서비스 도입은 이제 필수적인 마케팅 방식이 되었다. 경영진에서도 이제 예산 절감도 하고, 마케팅 성과도 높일 겸 우리도 빨리 고객을 제대로 분석하고, 고객 입맛에 맞춘 서비스를 제공하자고 요구한다. 또한 우수 고객을 선정해서 신년 음악회에 초청하는 특별 감사 이벤트를 진행하자고 하는데, 도대체 우리 기업의 성장에 도움을 주는 우수 고객이 누구인지조차 알지 못하고 있다. 물론 과거 매출이 높은 고객 순으로 그룹핑하여 우수 고객을 선정할 수도 있겠지만, 이들이 앞으로도 경쟁사로 이탈하지 않고 여전히 높은 매출을 담당해줄지 자신할 수 없다. 우량 고객과 일반 고객을 구분해내는 방법은 없을까?

이처럼 기업이 경영이나 마케팅에서 흔히 겪는 문제는 기업이 처한 현황을 잘 파악하지 못하였거나 미래에 어떤 일들이 발생할지 알 수 없는 상태, 즉 불확실성이 있기 때문에 발생한다. 그런데 이미 기업이 보유한 과거 데이터를 가지고 미래에 필요한 정보들을 신뢰할 만한 수준으로 확인할 수 있다면 어떨까? 과거에 발행한 마케팅 예산 투입과 매출 간의 관계를 바탕으로 미래의 마케팅 성과를 예측할 수 있다면, 혹은 과거의 고객 행동을 가지고 미래의 우량 고객을 미리 추출할 수 있다면 담당 관리자는 발생 가능한 미래를 예측하고 보다 올바른 의사결정을 빠르게 내릴 수 있을 것이다.

3.1 필요성

오늘날의 모든 기업은 자신이 원하든 원하지 않든 수많은 데이터를 끊임없이 양산하고 있다. 온라인 기반의 소매 기업이라면 매일 잠재 고객이 웹사이트나 소셜 미디어 사이트를 수없이 드나들고 공감이나 좋아요 버튼을 누르는 등 상호작용을 남긴 기록이 데이터로 남는다. 오프라인 기반의 제조 공장이라면 공장 자동화를 위해 도입된 자동 물류 시스템이나 물류 차량 이동 GPS 정보, 제조 시스템에서 부품 입출고 변동 사항, 제품의 불량 관련 알람 등 방대한 데이터가 생성된다. 주류 도매업처럼 전통적인 인적 마케팅을 수행하는 기업일지라도 고객과 미팅을 한 기록, 주고받은 명함, 거래 장부 등 온갖 종류의 데이터가 생성된다. 그리고 앞장에서 배운 구글 폼즈를 이용한 서베이처럼 의도적으로 데이터를 모으기 위한 설문 조사를 진행하였을 수도 있다. 이처럼 기업의 모든 행동은 데이터라는 족적을 남긴다. 이른바 의심할 바 없는 빅데이터의 시대이다.

그런데 기업들은 빅데이터를 과연 잘 활용하고 있을까? 불행히도 빅데이터의 생성과 활용은 별개의 문제이며, 대부분의 기업이 데이터의 잠재적 가치에 주목하고는 있지만 그 활용에는 낙제점을 면하기 어려울 것이다. 불량 데이터를 분석함으로써 불량률을 줄일 수 있고, 고객 구매 데이터를 분석하여 구매 예정인 잠재적 고객을 뽑아내는 것이 가능하다는 것을 알더라도 도대체 누가 이를 할 수 있을까? 기업의 입장에서는 데이터를 수집하고 분류하는 것 자체도 큰 투자가 필요하지만, 그 이후의 활용 과정 역시 어렵기는 마찬가지다. 데이터를 기반으로 경영에 활용할 수 있는 인사이트를 뽑으려면 상당한 수준의 전문 지식과 숙달된 고급 전문가가 필요했기 때문이다.

그러나 인간을 능가하는 전문가 시스템, 즉 AI를 활용한 머신러닝이 확산되면서 이런 고민은 점차 해소되고 있다. 컴퓨터 알고리즘의 발전과 하드웨어 가격의 급락으로 이제 큰 투자나 지원 없이도 어느 기업이든 개인이든 데이터를 자동으로 분석하고 활용할 수 있게 되었다. 최근 활용이 증가하기 시작한 머신러닝Machine Learning, 기계학습은 컴퓨터와 같은 기계를 훈련시켜 인간의 의사결정을 도와주거나 더 나은 판단을 할 수 있도록 하는 컴퓨터 기술이다. 머신러닝은 이미 암, 당뇨 등 질병 진단, 미래 자동차의 자율 주행 실현, 공장 생산 과정의 불량 개선 등 수많은 작업에 적용되고 있다.

과거 머신러닝이 컴퓨터 공학과 관련 응용 분야에 주로 머물렀다면, 최근에는 생명공학, 토목공학 등 다양한 공학 분야는 물론이고 사회학, 경영학, 인문학의 주요 분야까지 확대되고 있다. 특히 기술의 접목에 적극적이었던 비즈니스와 마케팅에서는 머신러닝의 활용 방안과 기존 업무와의 접목을 적극적으로 고민하고 있다. 이는 굳이 컴퓨터 과학자가 아니더라도 누구나 활용할 수 있을 만큼 머신러닝이 보편화되었고, 노코드 기반의 기술을 이용한다면 직접 코딩을 하고 알고리즘을 새로 구축할 필요가 없어서 전문가에 대한 의존이나 불필요한 시간과 비용의 낭비를 줄일 수 있다.

다양한 분야 중에서도 비즈니스 머신러닝은 과거의 데이터와 패턴을 활용하여 미래를 이해하거나 예측하는 과업에서 두각을 보이고 있다. 그 예로 과거 매출 자료를 가지고 미래 매출 자료를 예측하거나, 고객의 구매 행동 등 과거 패턴을 가지고 미래 우수 고객을 예측하거나 이들의 구매 의도를 추정하는 것이 가능하다. 또한 고객 정보(나이, 연령, 직업 등)를 바탕으로 유사한 행동을 보이는 집단을 분류하는 것도 가능하다. 이미 넷플릭스나 왓챠같은 OTT 서비스들은 영화나 드라마 추천에, 금융권 역시 은행 거래의 사기 및 부당 거래 탐지와 같은 부정행위 예방에 머신러닝을 적용하고 있다.

3.2 알아두면 좋은 지식

AI의 분류

일반적으로 AI는 마치 인간처럼, 때로는 인간 이상의 수준으로 생각하고 적절한 판단을 내릴 수 있는 컴퓨터 알고리즘을 의미한다. 이는 곧 주어진 규칙에만 의존하는 기계적 판단 능력을 넘어서 인간처럼 다양한 가능성을 검토하고 필요한 지식을 학습하며, 스스로 성장이 가능한 문제 해결 능력을 보유함을 뜻한다. AI가 반드시 인간을 모방하는 데 한정될 필요는 없으며, 보다 효율적인 의사결정을 위해서라면 인간과 전혀 다른 방식으로 생각하거나 해결책을 내놓는 것도 가능할 것이다.

단어가 풍기는 하이테크Hightech 이미지 때문에 AI가 비로소 최근에 주목받기 시작한 개념이라고 오해할 수도 있다. 그러나 사실 AI의 역사는 생각보다 오래되었다. AI라는 단어는 1955년에 존 매카시John McCarthy가 컴퓨터 관련 학술대회에서 처음 사용하였다. 오랜 역사만큼이나 AI에 대한 논의도 발전되어 왔으며 분류 역시 다양하게 시도되고 있는데, 가장 쉬운 분류법은 강한 AIStrong AI와 약한 AIWeak AI로 구분하는 것이이다. **약한 AI**는 특정한 분야에 한정하여 문제를 해결할 수 있는 기술을 의미하며, **강한 AI**는 다양한 문제에 직면했을 때 AI가 스스로 사고하고 판단해서 문제를 해결할 수 있는 종합적인 능력이다. 예를 들어 공장에서 불량품만을 찾는 데 특화된 AI는 전자이고, 영화 '매트릭스'처럼 미래 사회를 묘사한 공상과학영화에서 종종 인간보다 모든 면에서 월등하게 묘사되는 AI는 후자이다.

초기의 기대와 달리 강 AI는 아직 현실화되지 못하였지만 약 AI는 이미 다방면에 걸쳐서 두각을 나타내고 있다. 2011년 IBM의 AI 소프트웨어인 왓슨Watson은 미국의 TV 퀴즈 쇼인 제퍼디Jeopardy에 출연하여 두 명의 인간 챔피언을 압도적으로 이겼고, 2016년 세계적 프로 바둑 기사인 이세돌과 AI인 알파고 간에 벌어진 딥마인드 챌린지 매치에서 알파고는 4대 1로 낙승을 거두었다. 이후 바둑에서 인간이 다시 AI를 이기는 일은 없었다. 알파고의 승리는 지금까지 프로 기사들이 둔 대국을 정리한 수많은 기보 데이터를 머신러닝을 통하여 학습하였기에 가능했는데, 알고리즘을 계속 진화시키면서 5개월간 100만 번 이상의 자동 대국을 두었다고 한다. 이는 프로 기사들이 하루에 한 번씩 매일 바둑 대국을 둘 수 있다고 가정한다면 무려 2,700년 이상 훈련한 결과와 동일하다. 이처럼 특정 영역에서의 AI는 인간을 너무도 손쉽게 추월한다.

머신러닝의 개념

AI 구현의 기반 기술인 머신러닝은 인간이 학습하듯이 컴퓨터에 입력 데이터를 제공하고, 이를 이용하여 컴퓨터를 학습시킴으로써 새로운 지식을 창출하는 방법론이다. 가장 많이 사용되고 있는 머신러닝 기법은 지도 학습과 비지도 학습, 그리고 강화 학습이다.

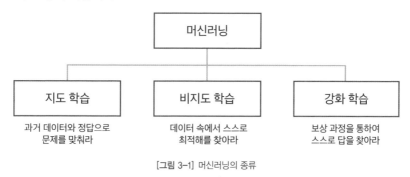

[그림 3-1] 머신러닝의 종류

지도 학습은 사전에 정답이 정해져 있으며, 문제를 통하여 정답을 찾도록 훈련하는 과정을 거쳐서 완성도를 올린다. 예를 들어 연구자가 과일 사진(학습 데이터)과 함께 사과, 딸기, 배, 바나나 등 과일 이름(정답)을 입력하고[1] 반복적으로 훈련시키면 컴퓨터는 인간이 제시한 정답을 기준으로 과일을 구분하는 최적의 알고리즘을 찾는다. 이처럼 지도 학습은 정답이 주어진 데이터 기반의 학습을 통하여 분석 데이터를 분류Classification하거나 예측Prediction하는 학습 모델을 구현한다. **분류**는 입력된 데이터가 어떤 집단에 속하는지를 구분하는 것을 의미한다. 만일 훈련을 마친 AI에게 라벨링 없이 과일 사진을 무작위로 제공한다면 훈련 결과를 바탕으로 과일 각각이 어떤 과일인지 맞추게 될 것이다. **예측**은 주어진 과거의 데이터를 기반으로 예측하고 싶은 결과값을 계산하는 과정이다. 예를 들어 콜라와 햄버거 소비량과 몸무게 간에 일정한 관계가 존재한다면, 과거의 콜라와 햄버거 소비량, 몸무게의 데이터에 기초하여 패스트푸드 소비량 변동에 따른 미래 몸무게의 변화를 예측할 수 있다.

반면 **비지도 학습**은 정답Label 없이 데이터만 입력하며, 데이터 간의 관계나 패턴을 컴퓨터가 스스로 찾아서 학습하게 하는 방법이다. 대표적인 비지도 학습 모델로는 군집 분석이 있다. 인간의 개입이나 지도 없이 데이터의 특징을 파악하고, 유사한 특징을 가진 데이터끼리 모아 하나의 집단으로 구분하는 것을 **군집화**Clustering라고 하고, 그렇게 나누어진 유사 집단을 **군집**Cluster이라 한다. 군집화는 지도 학습에서 언급한 분류와 유사성이 있으나, 각각의 데이터가 어떤 집단에 속하는지에 대한 사전 지도나 라벨링Labeling이 필요없다는 점에서 근본적 차이가 있다. 예를 들어 라벨링 없이 사과, 딸기, 배, 바나나 사진만 주어진다면 색상을 기준으로 붉은색의 사과와 딸기를 동일 군집으로 묶을 수도 있고, 동그란 모양을 기준으로 사과와 배를 동일 군집으로 묶을 수도 있다. 사전에 주어진 정답이 없기 때문에 AI의 판단을 근거로 결과값이 도출된다.

---

1 머신러닝에서는 데이터와 함께 그에 대한 정답을 제공하는 것을 라벨링(Labeling)이라 한다.

강화 학습은 컴퓨터가 여러 시행착오를 반복하며 스스로 학습하는 방식으로, 대표 예로는 이세돌 9단과 바둑 대국을 한 구글 딥마인드Google DeepMind의 알파고 AlphaGo가 있다. 사전에 정답을 제공하고 학습시키는 지도 학습과 달리, 강화 학습은 별도의 정답이 없으며 주어진 환경에서 컴퓨터가 다양한 상호작용을 시도하면서 학습하고 최적의 결과를 찾도록 한다. 비유하자면 우리가 모르는 것을 처음 배울 때 일단 무엇이든 부딪혀보면서 경험을 반복하고 실력을 쌓아가는 것과 같다. 그리고 강화 학습에는 **보상(또는 강화)**이라는 개념이 있다. 이는 컴퓨터가 내린 판단의 옳고 그름을 알려주기 위한 장치로, 옳은 판단을 했을 때 보상을 주어 착오를 점차적으로 줄이고 문제를 해결하는 능력을 강화할 수 있다.

최근에는 머신러닝의 일종인 딥러닝Deep Learning이 보다 좋은 성과를 내는 알고리즘으로 알려져 있다. **딥러닝**은 인공신경망ANN: Artificial Neuron Network에 기반하는 학습 방식이다. **인공신경망**이란 인간 등 생물의 신경망, 특히 뇌의 작동구조에서 영감을 얻어서 구현된 학습 알고리즘으로, 데이터의 입력층과 출력층 사이에 여러 은닉층Layer을 포함하는 구조를 가졌다. 각 구조를 인간의 신경 구조에 비유하자면 아래와 같다.

- **입력층**: 눈, 코, 입 등의 감각을 통해 정보를 얻음
- **은닉층**: 다양한 정보를 조합함
- **출력층**: 조합한 내용을 토대로 어떤 행동을 할지 판단을 내림

딥러닝의 딥Deep은 은닉층이 마치 인간의 신경망 구조처럼 복잡하고 많다는 의미이다. **은닉층**은 바둑 두기처럼 경우의 수가 많은 복잡한 문제를 해결할 때 유용하며, 수가 많을수록 더욱 복잡도가 높은 문제를 해결할 수 있다. 다만 은닉층 수를 무작정 늘리는 것이 좋은 것은 아니다. 문제 해결에 필요한 계산이 복잡해 처리 속도가 느려지고, 과적합Overfitting[2]이 발생하는 등 성능 저하가 일어날 수 있

---

2 학습 데이터를 과하게 학습해서 학습 데이터에 대한 예측은 정확하지만 새로운 데이터에 대한 예측은 제대로 하지 못하는 상태를 의미한다.

기 때문이다. 따라서 딥러닝을 통한 문제 해결이 필요한 경우 적절한 은닉층 수를 선택하는 것이 중요하다.

3.3 금손 도구 소개

머신러닝 라이브러리

일반적으로 머신러닝을 업무에 적용하기 위해서는 잘 알려진 도구들을 사용하게 된다. 대표적인 도구는 파이썬Python과 텐서플로TensorFlow, R 프로젝트처럼 코딩이 필요한 프로그램들이다.

파이썬은 1991년 교육용으로 설계된 언어다. 비교적 다른 언어들에 비하여 쉽고 간단하게 프로그램을 할 수 있으며, 대화하는 형식으로 구성되어 있어 배우기 쉽다는 장점이 있다. **텐서플로**는 파이썬 기반의 머신러닝용 오픈 소스 소프트웨어 라이브러리이며 구글이 연구와 서비스 개발을 목적으로 만들었다. 공통적으로 자주 사용하는 프로그램들을 미리 만들어서 저장해놓은 후, 프로그래머가 필요한 라이브러리를 호출하는 방식으로 사용한다. 한편 **R 프로젝트**는 특히 데이터 마이닝과 통계 분석에 특화된 프로그램 언어이다.

파이썬과 R 모두 강력한 성능을 가진 데다 배우기도 비교적 쉬운 언어라고는 하지만 코딩에 익숙하지 않은 사용자에게는 여전히 접근장벽이 있는 것이 사실이다. 전공자에게 쉽다는 것이 모든 사람에게 쉽다는 의미는 아닐 것이다.

노코드 머신러닝 도구

한편 비개발자를 타겟으로 한 노코드 머신러닝 도구들이 부상하고 있는데, 코딩이라는 진입 장벽 때문에 머신러닝 사용이 어려웠던 이들에게 반가운 소식이다. 관련 도구로는 오렌지Orange, 티처블 머신Teachable Machine 등이 있다. 특히 오렌지는 머신러닝을 활용한 통계 분석, 데이터의 시각화, 텍스트 마이닝 등 다양한 작업을 쉽게 배우고 사용할 수 있으며 비즈니스, 의료, 공학 등 다양한 분야로의 활용이 가능하다.

3.4 머신러닝 데이터 분석 자동화 실습 - 오렌지

본 챕터에서는 머신러닝 데이터 분석 자동화 도구로 오렌지Orange를 이용하는 방법을 소개한다. 본론으로 들어가기 전에 오렌지에 대해 조금 더 설명하자면, 오픈소스 기반의 무료 프로그램이며 완전한 노코드 기반이기에 간단한 마우스 조작만으로 작동한다. 아직 한글 메뉴를 지원하지 않고 영어로만 메뉴가 제공되는 점은 다소 아쉽지만 프로그램을 이해하고 활용하는 목적에는 큰 어려움이 없다.

먼저 오렌지 기본 사용법을 알아본 후 실습을 진행해보자.

> 다음 내용은 오렌지 설치부터 기본 사용법에 대한 설명이다. 기본 사용법을 이미 알고 있다면 바로 **머신러닝 실습 1, 2**로 넘어가도 좋다.

오렌지 설치

오렌지를 설치하기 위해서는 오렌지 사이트를 방문하여 설치 파일을 다운로드해야 한다. 오렌지가 지원하는 운영체제(OS)는 윈도우, 맥OS, 리눅스이며 현재 다운로드가 가능한 최신 버전은 3이다(버전은 지속적으로 업그레이드되고 있다). 설치 파일을 실행한 이후에 라이센스 동의 등 일반적인 설치 절차를 따라가면 별다른 어려움 없이 다운로드가 가능하다.

[오렌지 사이트 링크] www.orangedatamining.com

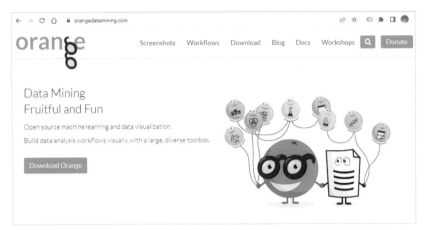

[그림 3-2] 오렌지 웹사이트

[그림 3-3] 다운로드 버전 선택

파이썬 배포본의 일종인 아나콘다Anaconda가 PC에 설치되어 있지 않다면 오렌지 설치와 동시에 아나콘다 배포판이 설치되는 것을 볼 수 있을 것이다. 아나콘다 의 라이센스에도 마찬가지로 동의한 후 설치를 진행하면 된다.

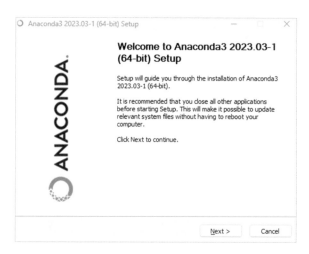

[그림 3-4] 아나콘다 설치 화면

오렌지 실행

오렌지 프로그램 설치를 완료했으면 실행해보자. 오렌지의 실행 화면은 크게 화면 좌측의 **위젯 팔레트**와 화면 우측의 **캔버스**로 구분된다. 위젯 팔레트에서 다양한 위젯을 선택할 수 있으며 선택한 위젯은 캔버스로 가져와서 작업을 수행한다. 오렌지에 최초로 접속한다면 빈 캔버스가 보일 것이다.

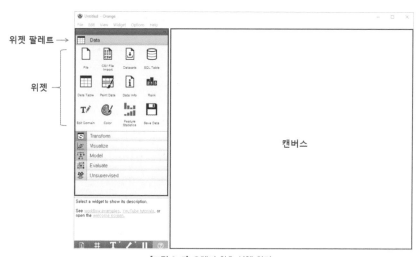

[그림 3-5] 오렌지 최초 실행 화면

오렌지 살펴보기

오렌지는 주로 그래픽 아이콘 형태로 작성된 위젯을 불러오거나 화면에 배치하는 방법으로 머신러닝 모델을 만들 수 있다. 오렌지의 위젯 팔레트 구성을 살펴본 후 위젯의 기본 사용법을 알아보자.

위젯 팔레트 구성

오렌지는 설치 시 기본으로 제공되는 위젯 팔레트가 있는데, 그 종류는 총 6가지이다.

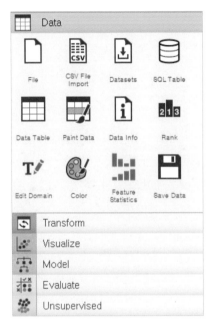

① 데이터 출력(Data)

② 데이터 변형(Transform)

③ 시각화(Visualize)

④ 분석 모델(Model)

⑤ 평가하기(Evaluate)

⑥ 비지도 학습(Unsupervised)

[그림 3-6] 위젯 팔레트

 애드온 위젯

기본 팔레트에서도 머신러닝의 주요 기능을 충분히 이용할 수 있지만, 특수한 분석이 필요한 경우 에드온을 추가하여 진행할 수 있다. 화면 상단의 메뉴 바에서 **Options →
Add-ons**를 클릭하여 원하는 애드온 위젯을 찾고 설치할 수 있다. 현재 제공되는 애드온 위젯은 사진, 그림 등 이미지 분석을 위한 Image Analytics, 빅데이터 텍스트 분석을 위한 Text, 시계열 분석을 위한 Timeseries 등이 있다.

위젯 기본 사용법

위젯 추가/삭제

위젯을 추가하는 방법은 다양하다. 위젯 팔레트에서 필요한 위젯을 캔버스로 드래그하거나 캔버스 여백에 마우스 우클릭을 하여 나타나는 위젯 창에서 필요한 위젯을 검색 후 선택하면 된다. 어느 방법이든 가능하지만 전자가 더 쉽고 직관적이다. 캔버스에 배치한 위젯을 삭제할 때는 해당 위젯에 마우스 우클릭을 하고 **삭제**(Remove) 메뉴를 선택하거나 위젯 선택 후 키보드의 Delete 키를 누르면 된다.

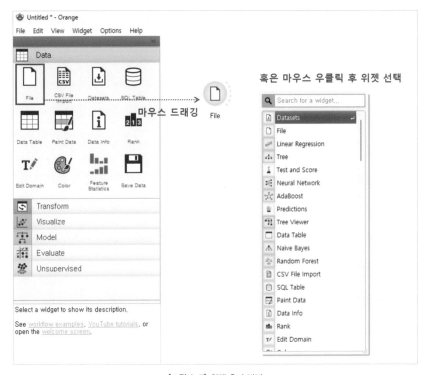

[그림 3-7] 위젯 추가 방법

위젯 이름 변경

배치한 위젯을 그대로 사용하여도 기능상 차이는 없지만, 분석 내용을 보다 잘 이해할 수 있도록 위젯 이름을 변경해주는 것이 좋다. 만일 File 위젯을 여러 개 사용한다면 오렌지는 자동으로 위젯에 File, File(1), File(2) 등의 이름을 붙인다. 이런 위젯 이름보다는 훈련 파일, 테스트 파일 등 분석 목적에 따라 적합한 위젯 이름을 붙여주는 것이 이해하기 편하며 직관적일 것이다. 위젯 이름 변경은 해당 위젯에 마우스 포인트를 옮겨놓은 이후 마우스 우클릭을 하여 Rename 메뉴를 선택한 이후에 할 수 있다.

위젯 간 연결

오렌지는 위젯을 서로 연결하면 자동적으로 머신러닝을 수행한다. 예를 들어 File 위젯과 Data Table 위젯을 캔버스에 배치한 후 File 위젯의 우측 괄호를 클릭한 채 드래그하면 위젯을 연결하는 선이 나타난다. 이 선을 Data Table 위젯으로 쭉 끌어오면 두 위젯이 연결된다. 위젯 연결선은 위젯 간 관계를 나타내는 동시에 데이터나 분석 결과가 흘러가는 흐름을 보여준다. 그리고 위젯의 좌측 괄호는 데이터의 입력, 우측 괄호는 출력을 의미한다. 대부분의 위젯은 입출력이 모두 가능하므로 두 가지 괄호를 가지지만, 데이터 출력 위젯과 같이 좌측 괄호, 즉 데이터 출력만 있는 경우도 있다. 위젯의 괄호가 서로 마주보는 방향으로만 위젯 간 연결이 허용된다.

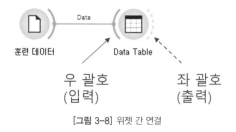

[그림 3-8] 위젯 간 연결

팔레트 살펴보기

오렌지를 사용해 의도한 대로 머신러닝을 만들고 올바른 결과를 도출하려면 위젯의 쓰임을 정확히 알아야 한다. 여기서는 다수의 분석에서 공통적으로 사용되는 Data 팔레트, Transform 팔레트, Visualize 팔레트를 간략히 소개하겠다.

본격적으로 머신러닝을 진행하려면 Model 팔레트, Evaluate 팔레트, Unsupervised 팔레트와 이에 속한 위젯들을 알아야 한다. 그러나 머신러닝의 모든 내용을 설명하는 것은 실무에 필요한 핵심 기능만 소개하려는 본 도서의 목적에 부합하지 않을 뿐더러 학습의 어려움을 가중시킬 수 있다. 따라서 실제 사례를 중심으로 설명하면서 자주 사용하게 될 위젯들만 우선적으로 소개한다.

Data 팔레트

데이터는 분석의 시작점이다. 분석 대상인 데이터가 있어야 어떤 분석이든 시작할 수 있다. 그래서 대부분의 분석은 데이터 관련 위젯을 선택하는 것이 첫 단계가 된다.

오렌지는 데이터를 불러오는 방법을 다양하게 제공하는데 관련 항목은 Data 팔레트에서 확인할 수 있다. Data 팔레트에서 자주 사용하는 위젯은 File, CSV File Import, Datasets이며, 이외의 위젯들은 부가 정보나 추가 기능을 제공하는 역할을 한다.

[그림 3-9] Data 팔레트

Data 팔레트의 각 위젯의 기능을 간단히 설명하면 다음과 같다.

① File: 엑셀(xlsx), txt 등 다양한 포맷의 데이터를 읽어오거나 구글 드라이브처럼 원격지의 웹하드에 저장된 데이터를 URL 형태로 불러와서 출력한다.

② **CSV File Import**: 보통 데이터 분석 작업에서 자주 사용되는 콤마(,)로 구분된 텍스트 파일인 csv 파일을 불러오고 출력한다.

③ **Datasets**: 오렌지에서 미리 사전에 준비한 연습용 데이터셋을 불러오고 출력한다. 붓꽃(Iris) 데이터, 집값 예측(Housing) 데이터 등 AI 분야에서 많이 다루어온 유명한 예제 파일들을 제공한다.

④ **SQL Table**: SQL로 질의가 가능한 데이터베이스로부터 데이터를 불러온다.

⑤ **Data Table**: 불러온 데이터를 표와 같은 스프레드시트 형태로 보여준다.

⑥ **Paint Data**: x, y축의 이차원 도면에 데이터를 시각화하여 보여준다.

⑦ **Data Info**: 선택된 데이터의 행과 열의 숫자, 변수의 숫자, 표본 수 등 기본적인 메타 정보를 제공한다.

⑧ **Rank**: 독립변수(feature)들 간의 상관관계를 크기 순으로 보여준다.

⑨ **Edit Domain**: 데이터셋의 독립변수(feature)의 이름 변경, 분류형 자료 값의 값 병합, 이름표(label) 달기 등을 진행한다.

⑩ **Color**: 시각화된 자료의 색상 범례를 지정한다.

⑪ **Feature Statistics**: 평균, 최저값, 최대값, 분산, 결측치 등 데이터의 기초적인 통계 자료를 보여준다. Datasets 위젯을 Feature Statistics 위젯과 서로 연결한 경우 기초 통계값을 확인하는 등 데이터의 전체적 특성을 확인할 수 있다.

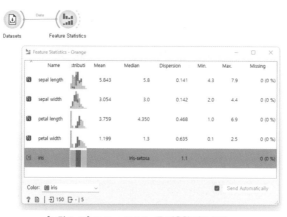

[그림 3-10] Feature Statistics를 이용한 기초 통계

⑫ **Save Data**: 특정한 이름을 붙여 데이터를 저장 경로에 저장해준다.

앞서 언급했지만 분석을 하려면 데이터가 필요하다. 그렇기에 Data 팔레트의 위젯은 분석 과정의 기본이라 볼 수 있으며, 여기서는 분석을 시작하기 위한 초석을 다지고자 한다. 다음 내용을 참조하여 기본 지식을 숙지하고 넘어가도록 하자.

 분석을 시작하기 위한 초석 다지기

■ 데이터 입력 및 변수 정보 확인

먼저 데이터를 입력하고 변수 정보를 확인하는 방법을 알아보자. 캔버스에 File 위젯을 추가한 후 이 위젯을 클릭하면 팝업 창이 나온다. 이 창에는 분석에 필요한 파일을 불러오고 그 파일에 든 데이터 정보를 확인할 수 있는 섹션들이 있다. 각 섹션의 기능을 설명하자면 다음과 같다.

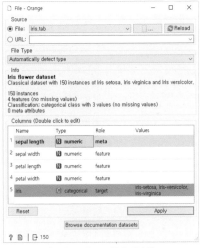

[그림 3-11] File 위젯 팝업 창

• Source : 파일을 오렌지로 불러오는 방식을 선택할 수 있다. File 선택 시 내 컴퓨터의 디렉터리에 저장된 파일을 가져오고, URL 선택 시 구글 드라이브 등 웹에 있는 파일을 가져올 수 있다.

• File Type : 불러올 파일의 포맷 (xls, xlsx, csv, tab 등)을 선택할 수 있다.

• Info : 불러온 파일에 든 데이터 정보(표본, 변수 개수 등)를 확인할 수 있다.

• Columns : 파일을 불러오면 파일에 대한 간략한 정보와 더불어 데이터의 변수 유형(Type)과 역할(Role)에 대한 설명이 나타난다. 변수 유형과 역할은 처음에는 프로그램에서 자동으로 할당되지만, 수정이 필요한 경우에는 마우스 클릭하여 이용자가 직접 바꿀 수 있다. 변수 유형은 데이터 속성에 대한 요소로 4가지 유형(숫자, 구분 항목, 문자, 날짜와 시간) 중에서 하나를 결정할 수 있다. 변수 역할은 해당 변수가 독립변수(feature)인지 종속변수(target)인지 여부를 결정하는 요소이다.

변수는 데이터 분석에 중요한 요소라, 향후 분석 단계에서 다시 자세히 설명할 것이다. 지금은 일단 **확인(Apply)** 버튼을 눌러 창을 닫고 다음 정보로 넘어가자.

■ **데이터 입출력 구현하기**

이번에는 입력된 데이터를 출력해보자(데이터 분석에서 '출력'은 '다음 분석 단계로 데이터를 넘긴다'는 의미이다). 데이터 입력이 완료되면 다음은 다른 위젯과 연결하여 출력할 수 있다. 오렌지는 위젯 간 연결을 마치면 별도의 명령이 없어도 자동으로 필요한 후속 작업이 이루어지기에 코딩 작업이 불필요하며 모든 분석 과정이 시각적으로 제시된다.

그럼 기초적인 데이터 입출력을 직접 구현해보자. 먼저 Data 팔레트의 Datasets 위젯을 캔버스에 배치한 후 더블 클릭을 해보자. 그러면 다양한 예제 데이터가 팝업 창으로 보이게 되는데, 이 중에서 붓꽃(Iris)을 선택하자(해당 데이터명을 더블 클릭하면 선택된다). 그 다음 Data Table 위젯을 추가하고 Datasets 위젯과 연결한다. 이로써 위젯 간 연결을 마쳤고 데이터 입출력이 구현된다.

아래는 **Datasets 위젯**에 다른 위젯들도 연결해본 모습이다. 이처럼 오렌지는 위젯 간 연결이 자유롭다.

[그림 3-12] 파일 위젯 연결 예

Transform 팔레트

Transform 팔레트에는 입력된 데이터를 분석에 투입하기 전에 분석 목적에 맞게 데이터를 조정할 수 있는 다양한 옵션 위젯이 있다. 대부분 머신러닝 분석에 반드시 포함되어야 하는 위젯들은 아니지만, 투입된 데이터를 훈련 데이터와 예측 데이터로 나누어서 활용 혹은 복수의 데이터셋을 하나로 합쳐서 분석에 투입하는 등의 경우에 필요하다. 또한 위젯으로 구성된 분석 모델을 파이썬 스크립트로 변환하여 보여주는 기능도 있다. 20여 개의 다양한 위젯 중 자주 쓰이는 위젯들을 중심으로 간략히 설명하겠다.

- **훈련 데이터**: 머신러닝을 모델에 적용하기 위하여 훈련에 투입되는 데이터
- **예측 데이터**: 학습된 결과와 모델을 적용하여 예측에 투입되는 데이터

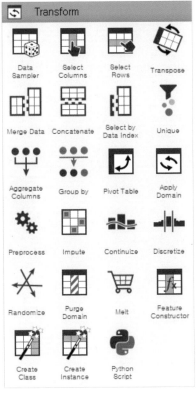

[그림 3-13] Transform 팔레트의 위젯들

① **Data Sampler**: Data Sampler 위젯은 보통 전체 표본을 훈련 데이터와 예측 데이터로 나누어서 검증할 때 주로 사용된다. 전체 데이터 중 분석에 투입되는 데이터의 비율을 조정하거나(Fixed proportion of data) 직접 표본 수를 입력하여 데이터셋에 포함된 데이터의 일부분만 표본으로 추출할 수 있다(Cross validation). [그림 3-14]는 데이터 비율 조정의 예이다. 150건의 데이터가 있는데 이 중 50%만 분석에 투입한다고 지정한다면, 무작위로 선출된 75건의 데이터만 분석에 투입되고 나머지는 분석에 투입되지 않는다. 그리고 후자는 교차분석(Cross validation) 기능을 이용한 경우로, 전체 데이터를 일정한 소그룹 집단으로 분할한 후 일부만 선택적으로 투입할 수 있다.

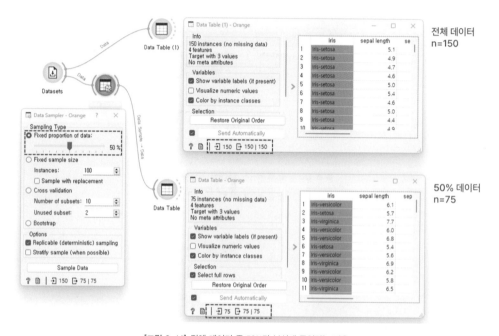

[그림 3-14] 전체 데이터 중 50%만 분석에 투입하는 경우

② **Select Rows / Select Columns**: 조건식을 활용하여 데이터 중 원하는 행 혹은 열만 필터링할 수 있는 기능이다. 예를 들어 붓꽃 데이터에서 sepal length라는 변수의 값이 4.0보다 작은 경우만 분석하기를 원할 때는 Select Rows 위젯 창에서 관련 조건식(is greater than)을 지정해주면 된다(그림 3-15 참조). 한편 Select Columns는 분석에서 제외할 열을 지정하는 방식으로, Select Rows와 유사한 방식으로 사용된다.

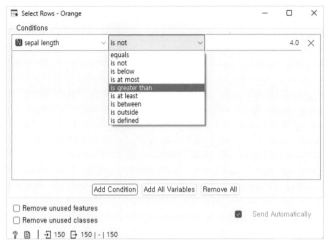

[그림 3-15] Select Rows에서 조건식을 활용한 예

Transform 팔레트에는 지금까지 소개한 것 외에도 다른 위젯이 있지만 설명은 생략한다. 꼭 그 위젯을 이용하지 않더라도 분석을 진행할 수 있어 사용빈도나 필요성이 낮기 때문이다. 예를 들어 두 개 이상의 데이터를 결합해야 할 경우[3] 오렌지에서 Merge Data 위젯을 사용하기보다는 엑셀이나 텍스트 편집기 등을 이용해 통합하는 편이 더 간단하고 편리하다.

Visualize 팔레트

Visualize 팔레트는 데이터를 보다 손쉽게 보기 위하여 그래프, 트리 등 시각화 기능을 제공한다. 다양한 시각화 관련 위젯이 있지만 여기서는 Scatter Plot(산점도) 위젯만 소개하겠다.

① **Scatter Plot**: 데이터를 이해하기 위해서는 입력된 데이터를 평균이나 중앙값 같은 대푯값을 이용해 요약하거나 다양한 그래프로 시각화할 필요가 있다. 데

---

3   데이터 분석을 시작하기에 앞서 '데이터를 수집하고 정리하여 구조화하는 작업', '수집한 데이터를 정제하여 분석에 적합한 데이터로 만드는 작업'이 필요하다. 전자를 데이터 준비 단계, 후자를 데이터 전처리(Data Preprocessing) 단계라고 한다. 참고로 데이터 전처리에는 데이터 통합/분할, 누락된 값/이상치/중복 데이터 처리, 데이터 형식 변환, 텍스트 데이터 처리 등의 작업이 포함된다.

이터 간 상관관계가 복잡하지 않다면 Data 팔레트의 Feature Statistics 위젯을 이용해 대푯값을 확인해도 된다. 하지만 상관관계가 복잡하다면(서로 영향을 주는 데이터가 한두 개가 아닌 경우) 숫자의 변동만으로는 데이터를 이해하기는 어렵다. 이럴 때 Scatter Plot 위젯을 사용하면 상관관계를 손쉽게 시각화할 수 있다.

 상관관계

상관관계는 쉽게 말해 서로 상관이 있는 관계를 의미한다. 좀 더 자세히 정의하자면 특정한 두 개의 변수가 어느 정도 서로 영향을 주고받는 관계이며, 하나의 변수가 증가 혹은 감소하여 변화하는 동안에 같은 방향으로 변화함을 보여준다.

예를 들어 아이스크림 판매량 증가와 기온 상승의 관계는 기온 증가에 따라 아이스크림 판매도 증가하는 것처럼 일정 정도로 서로 관련성을 가지게 되며 이를 양(+)의 상관관계라 한다. 반면에 음(−)의 상관관계는 한 변수의 증가함에 따라 다른 변수가 감소하는 경향을 보이는데, 예로 기온 상승에 따라 겨울 파카의 판매량은 감소하게 될 것이다.

머신러닝 실습 1 **회귀 분석 예측 모델**

머신러닝은 크게 지도 학습, 비지도 학습, 그리고 강화 학습으로 구분되며 각각의 학습에는 수많은 세부적 분석 기법이 존재한다. 지면의 한계상 모든 분석 기법을 살펴보기는 어려우니 우리가 일상 비즈니스 속에서 쉽게 접하거나 필요한 핵심적인 분석을 위주로 살펴볼 것이다. 이를 통하여 머신러닝을 이해하고 오렌지로 손쉽게 머신러닝의 적용이 가능함을 확인하면 된다.

우선 머신러닝의 지도 학습 중에서 가장 대표적인 학습 모델인 **회귀 분석** Regression Analysis을 사용해볼 것이다.

회귀 분석 이해하기

우리가 사는 세상에서 일어나는 수많은 일은 일련의 인과관계를 가지는 경우가 많다. 예를 들어 환율이 올라서 항공기 여객 수요가 변동하고, 배스 같은 외래종 물고기가 늘어나서 토종 민물고기가 멸종 위기에 놓이고, 한국의 지나치게 낮은 출산율은 미래 국민연금을 고갈시키는 주된 원인이 되고 있다. 이처럼 특정한 원인(환율, 배스 개체수 증가, 낮은 출산)으로 결과(여객 수요, 토종 물고기 멸종, 연금 고갈)가 발생하는 관계는 회귀 분석을 통하여 분석하거나 예측할 수 있다.

또한 이러한 인과관계는 수식으로 나타낼 수 있다. 예를 들어 '여행객 수요 = 환율 * x'처럼 선형적 관계를 표시할 수도 있다. 이는 환율 변동(x)에 따른 여행객 수요라는 공식을 만들어낸 것이고, 여기서 x는 환율의 영향력을 의미한다. 만일 x의 계수가 0.3인 것을 분석을 통하여 알아냈다면, 이는 환율이 10% 올랐을 때 여행객 수요는 3%(=10% * 0.3) 증가한다는 공식을 얻을 수 있다. 이처럼 회귀 분석을 통하여 x값을 추정해낼 수 있다면 우리는 회귀 분석으로 도출된 공식을 이용해 이미 발생한 과거 사건의 인과관계를 설명할 수 있고, 앞으로 다가올 미래의 변화도 통계적으로 예측할 수 있을 것이다.

그런데 만일 여행객 수요에 환율뿐만 아니라 다양한 원인(온도, 날씨, 관광지 명성, 항공기 티켓 가격 등)이 여행객 수요에 종합적인 영향을 미친다면 어떻게 될까? 이처럼 원인이 되는 요소가 많아지면 공식이 더욱 복잡해지므로 일일이 수작업으로 데이터를 대조하여 관계를 밝혀내기 어렵다. 그래서 머신러닝을 활용하여 여러 변수를 동시에 투입하여 데이터를 학습시키고 복잡한 계산 과정은 기계에 맡기는 방식으로 회귀 분석을 통한 결과값을 도출해낼 수 있다.

독립변수와 종속변수

오렌지를 직접 실행하여 다수의 원인이 결과에 영향을 미치는 인과관계를 직접 분석해볼 것이다. 우선 회귀 분석을 포함한 다양한 형태의 지도 학습을 실행하려면 분석에 투입할 과거 데이터가 있어야 한다. 일반적으로 투입되는 데이터의 양이 풍부하고 정확할수록 예측의 정확도는 높아진다. 분석을 위한 데이터를 투입할 때는 **한 개 이상의 독립변수(feature)와 하나의 종속변수(target)**를 지정해주어야 한다. 그리고 이 변수 간에 존재하는 관계를 머신러닝에 투입하면 과거 데이터를 기반으로 미래의 결과를 예측하는 모델이 구현된다.

앞서 Data 팔레트의 File 위젯에서 변수 정보를 확인하는 방법을 알아보면서 변수 역할(Role)을 확인하였다(p.93 참조). 각 변수의 역할은 분석을 하기 전에 오렌지가 자동으로 지정해주지만 직접 수정하는 것도 가능하다. 변수 역할을 확인하고 **Apply** 버튼을 클릭하면 해당 데이터 열(Column)의 적합한 역할(Role)이 지정된다. 독립변수와 종속변수는 모든 통계 분석과 머신러닝에서 자주 쓰이고 중요한 개념이므로 반드시 아래 표를 통하여 한 번 더 변수의 역할을 확인하기를 바란다.

▪ 변수의 역할(Role)

변수	주요 특징
target	회귀 분석으로 예측하고자 하는 변수로, **종속변수**라고 불린다. **종속**이란 독립변수의 영향으로 값이 종속적으로 변화한다는 의미이다. (예) 하루에 섭취한 햄버거 수와 몸무게의 인과관계에서 '몸무게'는 햄버거 섭취량에 따라서 바뀌는 종속변수이다.
feature	예측을 위하여 투입되는 변수로, **독립변수**라고 불린다. **독립**이란 분석에 투입되는 여부와 관계없이 고유값을 가진다는 의미이다. (예) 하루에 섭취한 햄버거 수는 이미 확정된 값으로, 독립적이다. 만일 하루에 2개의 햄버거를 먹었다면 '2'라는 변수값은 몸무게와의 분석은 물론이고 키, 소비지출액 등 종속변수와의 관계 분석에서도 그 값이 변동되지 않는다.
skip	분석 작업에서 무시해도 되는 데이터를 건너뛰기 변수로 지정한다. (예) 햄버거와 몸무게의 관계를 측정하기 위한 데이터에 날짜, 성적, 전화번호처럼 불필요한 데이터가 포함된 경우 스킵한다
meta	실제 분석에 투입되지는 않지만 데이터의 특성에 관한 정보를 제공하는 데 필요한 경우, 변수에 대한 설명을 포함하는 메타 정보로 지정한다. 즉 데이터에 대한 단순한 설명이다. (예) 응답자의 일련번호가 데이터에 포함되어 있다면 meta로 지정할 것이다.

입력 데이터 준비

이제 회귀 분석에 의한 지도 학습을 실습하기 위하여 미래의 매출액을 추정해 보는 문제를 생각해보자. 이 실습에서는 다음과 같은 문제를 해결해야 한다고 가정하겠다.

> A 기업은 새로운 마케팅 계획을 세우거나 예산을 변경할 때, 변경된 활동들이 미래의 매출에 어떤 영향을 미치는지 알고 싶다. 또한 판촉비, 광고비, 유튜브 인플루언서 활용 여부 등 예산을 형성하는 주요한 마케팅 투입 변수들 중 매출 성과에 직접적인 영향을 미치는 변수가 무엇인지 확인하고자 한다.

우선 엑셀을 이용하여 훈련에 사용할 데이터와 예측에 사용할 데이터 2개를 미리 준비한다. 아래의 표는 A 기업이 과거에 네이버 광고비, 인플루언서 콘텐츠 개발 건수, 온라인 쇼핑몰 입점 건수 등 주요한 마케팅 노력을 투입하였을 때 매출은 얼마가 되었는지를 정리한 데이터이다. 즉 광고비, 콘텐츠 개발 건수, 입점 건수 등 관련 독립변수(feature)들이 변동될 때 종속변수(target)인 매출액이 어떻게 변동되었는지를 정리한 것이다.

■ **훈련 데이터 (5년 치)**

연도	광고비 (만 원)	신규 콘텐츠 (건)	입점 (개)	매출액 (천만 원)
1년 차	850	0	2	2.7
2년 차	900	1	2	5.5
3년 차	1500	6	3	12.0
4년 차	1200	5	7	10.7
5년 차	1300	2	7	9.9

두 번째 표는 회귀 분석을 통하여 예측해야 하는 미래 데이터이며, 예측이 필요한 종속변수인 매출액은 표에서 제거한 후 광고비, 콘텐츠 개발 건수, 입점 점포 수는 미래에 대한 계획이나 목표 예상치로 작성한다. 만일 앞으로 다가올 미래의 마케팅 계획을 수립한다면, 기업에서 직접 통제가 가능한 이 요인들에 대한 계획은 수립이 가능할 것이다. 그러나 매출액은 기업 내부의 노력만으로는 예측하기 어려울 것이다. 그러므로 예측 가능한 기업의 마케팅 계획을 토대로 미래의 매출액을 추정해보자.

■ **예측 데이터 (3년 치)**

연도	광고비 (만 원)	신규 콘텐츠 (건)	입점 (개)
+1년 차	1700	8	10
+2년 차	1900	10	12
+3년 차	2000	15	18

회귀 분석 시 독립변수와 종속변수는 모두 숫자 혹은 척도를 사용

회귀 분석에 필요한 데이터를 정리할 때 한 가지 고려할 것은 독립변수나 종속변수 모두 숫자이거나 척도여야 한다는 점이다. 숫자는 몸무게(kg), 급여액수(원)처럼 정수(integer)를 의미하며, 척도는 흔히 만족도 조사에 사용하는 5점 척도나 7점 척도 등을 사용한다. 반면에 숫자로 표현할 수 없는 이름이나 단지 구분을 위한 기호나 구분용 숫자 등을 분석에 투입해서는 안 된다(예: 남성, 여성과 같은 구분을 위한 이름, 축구 선수의 등번호인 10, 18 등). 예외적으로 더미 변수로 만들어서 투입할 수도 있지만, 자주 사용되는 방법은 아니다.

회귀 분석 모델 구성

우선 빈 캔버스에 필수적인 위젯들을 배치하여 모델Model을[4] 먼저 구성하고, 위젯의 이름을 적절하게 변경해보자. Data 팔레트에서 2개의 **File** 위젯, Model 팔레트에서는 회귀 분석을 실행할 수 있는 **Linear Regression** 위젯, Evaluate 팔레트에서는 **Predictions** 위젯을 배치하고 입출력을 각각 선으로 연결해준다. 그리고 모델을 직관적으로 이해할 수 있도록 File 위젯들의 이름을 각각 '훈련 데이터', '예측 데이터'로 변경한다. 아직 File 위젯에 데이터를 불러오기 이전이므로 데이터가 없는 상태이다. 그래서 Linear Regression 위젯에는 분석 불가하다는 의미로 'X'가 표시되어 있다.

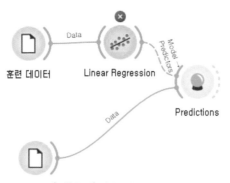

[그림 3-16] 회귀 분석 모델 구성

---

4 머신러닝에서 모델(Model)이란 입력된 데이터를 가지고 컴퓨터가 학습하고, 학습한 규칙을 바탕으로 새로운 데이터에 대한 예측을 수행할 수 있는 알고리즘을 의미한다. 회귀 분석을 위해 쓰인 Linear Regression 위젯과 더불어 Model 팔레트의 대부분의 위젯은 세부적인 분석 기법이고, 이들을 다른 위젯과 조합하여 학습 모델을 형성할 수 있다.

이제 훈련 데이터 위젯과 예측 데이터 위젯에 미리 준비한 파일을 각각 불러오자. 파일 위젯 창을 연 후 저장한 엑셀 파일들을 불러온다(앞서 확인한 두 표의 데이터를 이용). 그리고 변수 각각의 유형과 역할을 지정해야 하는데, '연도'는 분석 참조에만 필요한 meta로, '매출액'은 종속변수인 target으로 역할을 지정한다. 그 외 광고비, 콘텐츠, 입점 수는 독립변수인 feature로 역할을 지정해주면 된다.

[그림 3-17] 변수 지정

분석 결과

변수의 역할 지정을 완료하면 추가적인 작업 없이 자동으로 회귀 분석이 이루어지며, Predictions 위젯을 열어보면 앞으로 미래 3개년도에 걸친 매출액 예상 값이 제시되는 것을 볼 수 있다. 회귀 분석 모델이 제시하는 결과에 의하면 광고비, 콘텐츠 건수, 매장 입점 수를 목표대로 달성했을 때 +1년에는 1.7억, +2년에는 2.0억, +3년에는 2.6억의 매출 달성이 예측되는 것으로 보고된다. 결과값을 편하게 보고자 한다면 Predictions 위젯에 Data Table 위젯이나 기타 그래프 작성 관련 위젯처럼 데이터나 결과값을 시각화하는 위젯들을 연결해볼 수도 있다. 이런 시각화 위젯들은 단지 조금 더 편하게 보기 위하여 사용되며, 이로 인하여 결과값 자체에 변화가 생기지는 않는다.

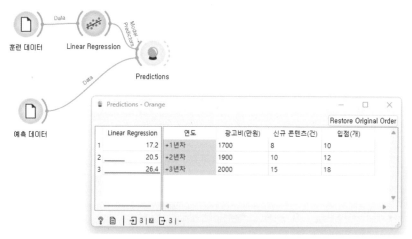

[그림 3-18] 회귀 예측값

머신러닝 실습 2 기타 모델을 이용한 예측

회귀 분석이 머신러닝의 기초가 되는 학습 모델이지만 보다 다양한 상황에서 활용되고 예측 성능을 높인 다수의 경쟁 학습 모델들이 존재한다. 이 중에서 특히 가장 많이 쓰이는 의사결정수Decision Tree 분석 그리고 여기서 파생되어 발전된 모델들을 소개하고, 추가로 인공신경망Neural Network 분석을 예측에 적용하는 방법을 살펴본다. 오렌지는 위젯들을 단지 연결하는 것만으로도 분석이 진행되기 때문에 이러한 최신 분석 방법들을 매우 간단한 방법으로 적용할 수 있다. 다만 각 모델을 이해하는 것은 전문적 영역에 해당되므로, 본 도서에서는 각 모델에 대해서는 장단점을 중심으로 간략한 개요만 설명하고, 분석 결과를 도출하여 비교하고 관리상의 시사점을 찾는 방식에 집중한다.

■ 주요 모델별 장단점

모델	개요	장점	단점
회귀 분석 (Regression)	선형 관계에 있는 종속 변수와 독립변수 간 관계를 확인	간단한 모델로 이해와 해석이 용이하며, 분석 시간이 짧음	예측력이 떨어지며, 비선형 관계는 해석 곤란
의사결정수 (Decision Tree)	각 변수의 특정 지점을 기준으로 데이터를 분류해 나가면서 예측	데이터에 대한 통계적 가정이 없으며, 결측이나 이상 데이터의 영향이 작음	예측력이 다소 부족하며, 과적합(Over Fitting) 문제 발생 가능
랜덤 포레스트 (Random Forest)	다수의 의사결정수를 종합하는 방식으로 의사결정수의 과적합 문제를 완화해주는 모델	선형, 비선형 데이터 모두에 잘 적용되며 결측, 이상치 데이터에 강함	학습 속도가 느리며 다수의 트리를 구성하여 해석이 어려움
아다부스트 (AdaBoost)	다수의 의사결정수를 종합할 때 각기 다른 가중치를 부여하는 Boosting 기법 적용	선형, 비선형 데이터 적응성, 결측, 이상 데이터에 강하며 예측력이 높음	학습 속도의 저하, 결과 도출 과정 해석이 어려움
인공신경망 (Neural Network)	인간 두뇌의 생물학적 특성을 모방하여 추정, 분류, 예측 등 다양한 문제를 해결	예외적이거나 예측이 어려운 문제에도 어느 정도 타당한 답변을 제공함	결과 도출의 과정을 설명할 수 없고, 은닉층(Layer) 증가 시 성능 저하가 발생

입력 데이터 준비

이제 회귀 분석과 경쟁 모델을 동시 투입하여 보다 예측력이 높은 모델을 선택하는 과정을 살펴보자. 이 실습에서는 다음과 같은 문제를 해결해야 한다고 가정하겠다.

> ChatGPT를 콜센터 업무에 도입하려는 B 기업은 설문 조사를 통하여 이용자의 성별, 연령, 사용 목적 등 특성에 따라서 ChatGPT 서비스에 대한 만족도가 어떻게 다른지 사전 조사를 하고 싶어 한다. 이를 위하여 총 250명의 일반인을 대상으로 설문조사를 진행하였고, 그 결과를 바탕으로 자사의 주요 고객 10여 명의 ChatGPT 서비스에 대한 만족도를 사전에 예측해보고자 한다. 만족도를 포함하여 진행된 설문조사 결과는 훈련 데이터로 사용될 것이고, 만족도가 포함되어 있지는 않지만 자사 주요 고객에 대한 조사 정보는 테스트 데이터로 투입되어 만족도 예측에 사용될 것이다.

이를 위해서 우선 훈련에 사용될 총 250명의 데이터와 예측에 사용될 자사 고객 10명의 데이터를 미리 엑셀의 파일 형태로 준비하여야 한다. B사가 진행한 설문지 원본은 다음과 같다. 여기서 예측해야 되는 종속변수(target)은 ChatGPT 만족도(y_1)이며, 예측을 위하여 투입되는 독립변수(feature)는 $x_1 \sim x_5$ 까지 총 5개이다. 독립변수들 중 x_1, x_3, x_4는 순수한 숫자인 정수(integer), 반면에 x_2, x_5는 숫자로 보이지만 실체는 보기를 나타내는 구분 항목(categorical)이라는 변수 특성이 있다. 통계 분석에서 이를 구분하는 것은 중요하며, 이후에 오렌지 분석 절차에서 변수 특성을 확인하여 잘못되어 있다면 수정해주어야 한다. 예를 들어 성별(x_2) 변수를 평균내어 1.7이 나온다면 이는 아무런 의미가 없는 것과 같기에 명확한 결과를 도출할 수 없다.

x = 독립변수(feature), y = 종속변수(target)

x1. 연령 : 만 _____ 세

x2. 성별 : 1) 남   2) 여

x3. 하루 중 ChatGPT 이용 빈도는 평균 몇 회입니까? _____ 회

x4. 하루 중 ChatGPT를 얼마나 자주 이용한다고 생각하십니까?
　해당되는 정도를 선택해주시기 바랍니다.

　전혀 안 함　　　　　　보통　　　　　　매우 많음
<---- 1 ------- 2 ------- 3 ------- 4 ------- 5 ---->

x5. 주로 어떤 목적으로 사용하셨습니까? 여러 목적을 가진 경우에는 가장 중요한 용도 하나만 선택해 주시기 바랍니다.

1) 정보 검색

2) 언어간 번역

3) 프로그래밍 코드 작성

4) 대본, 소설 등 콘텐츠 작성

5) 질의 응답을 이어가기

6) 보고서 작성

7) 일정

8) 텍스트 요약

9) 기타 용도

======

y1. 챗GPT에 대하여 얼마나 만족하십니까?

　매우 불만　　　　　　보통　　　　　　매우 만족
<---- 1 ------- 2 ------- 3 ------- 4 ------- 5 ---->

[그림 3-19] 설문지 원본

그러나 이번 경우처럼 입력해야 되는 데이터가 많고 여러 사람이 공유해야 되는 경우에는 엑셀로 입력하기보다는 구글 드라이브처럼 온라인에 파일을 저장 혹은 공유가 가능한 가능한 저장 공간에 업로드하는 것이 편리하다. 오렌지는 데이터 파일을 URL 형태로도 받을 수 있다.

> 손쉽게 분석 실습을 진행할 수 있도록 훈련 데이터와 예측 데이터를 준비하였다.
> 다음의 짧은 주소를 통해 해당 구글 스프레드시트를 참조하길 바란다.
>
> **[예측 데이터 모음]** https://url.kr/g4wdhr
> **[실습 데이터 모음]** https://url.kr/aw6cz8

경쟁 모델 구성

회귀 분석 실습 때와 마찬가지로 빈 캔버스에 필수 위젯을 배치하고, 데이터를 입력받는 파일 위젯의 이름을 각각 '훈련 데이터', '예측 데이터'로 변경한다. 그리고 Model 팔레트에서는 회귀 분석과 더불어 트리(Tree), 랜덤 포레스트(Random Forest), 아다부스트(AdaBoost), 인공신경망(Neural Network)을 가져와 배치하고, Evaluate 팔레트에서 **Predictions** 위젯을 가져와서 연결한다. 아직 File 위젯에 데이터를 불러오기 이전이므로 데이터가 없어 분석이 이루어지기 이전 상태이다.

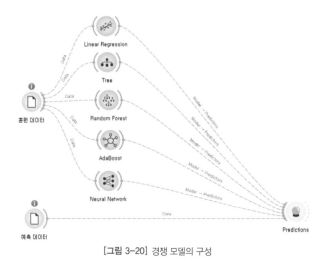

[그림 3-20] 경쟁 모델의 구성

이제 훈련 데이터 위젯과 예측 데이터 위젯 각각에 미리 구글 드라이브에 업로드해놓은 파일을 불러오자. 우선 훈련 데이터의 파일 위젯 창을 열어, **Source**를 URL로 선택하고 저장된 URL 주소를 입력한다. 그 다음 **리로드**(Reload) 버튼을 눌러준다. 그리고 변수 각각의 유형(Type)과 역할(Role)을 확인해야 하는데, x_1 ~ x_5 까지는 모두 독립변수인 **feature**로 역할을 지정해주고, y_1은 종속변수인 **target**이다. 추가로 자동으로 지정되는 변수 유형이 제대로 되어 있는지 확인하고 잘못되었으면 정정해준다. x_1, x_3, x_4는 정수(integer)로, x_2, x_5는 구분 항목(categorical)으로 지정한 후 **Apply** 버튼을 눌러준다. 변경은 해당 유형(Type)이나 역할(Role)을 클릭하면 드롭다운 메뉴가 나와서 지정할 수 있다. 이 과정을 예측 데이터에서도 동일하게 지정해준다. 다만 예측 데이터에서 고객의 일련번호를 나타내는 ID는 분석에 투입하지 않으므로 유형을 Meta로 지정해주며, y_1은 예측해야 되는 빈 값이어서 나타나지 않을 것이다.

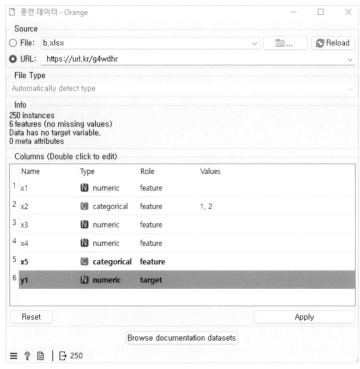

[그림 3-21] 데이터를 URL로 불러오기

분석 결과

데이터를 불러오고 변수의 역할을 지정하는 것만으로 모든 모델의 분석이 자동으로 이루어지며, **Predictions** 위젯을 열어보면 B사의 주요 고객 10명의 ChatGPT 서비스에 대한 만족도 예상값이 제시되는 것을 확인할 수 있다. 그러나 분석 결과를 보면 투입된 5개 모델들이 약간씩 예측 결과가 다르다. 1번 고객에 대해서는 모두 만족도를 4.0으로 예측하는 통일된 결과를 보였지만, 2번 고객에 대해서는 모델에 따라 4 혹은 5라는 각기 다른 점수를 보여준다. 복수의 모형을 투입함으로써 오히려 혼란만 가중된 것은 아닐까?

	Linear Regression	Tree	Random Forest	AdaBoost	Neural Network	Id
1	4	4	4	4	4	1
2	5	4	5	4	4	2
3	4	3	3	4	4	3
4	4	5	4	4	5	4
5	4	4	4	4	5	5
6	5	5	5	5	6	6
7	4	3	3	4	3	7
8	4	4	3	2	3	8
9	4	3	3	4	3	9
10	5	4	5	5	5	10

[그림 3-22] 모델별 결과값 비교

그러나 걱정할 필요는 없다. 이처럼 복수의 모델을 경쟁적으로 투입한 경우에는 어떤 모형이 더 우수한 설명력을 지녔는지 확인하는 절차가 제공되기 때문이다. 이를 위하여 캔버스에서 **Predictions** 위젯은 삭제하고, 새롭게 Evaluate 팔레트에서 **Test and Score** 위젯을 가져와 연결해준다. 그리고 추가로 훈련 데이터 위젯을 **Test and Score** 위젯에 직접 연결해준다. 이는 모형에 투입된 훈련 데이터를 비교하여 어떤 모형이 우수한지 평가한다는 의미이다.

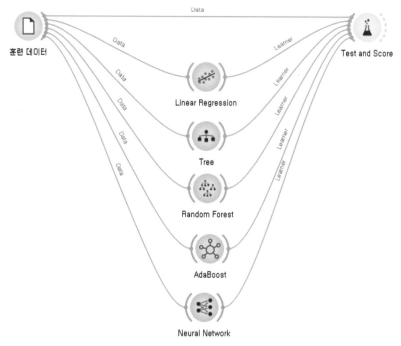

훈련 데이터

Linear Regression

Tree

Random Forest

AdaBoost

Neural Network

Test and Score

[그림 3-23] 경쟁 모델의 테스트

이후 분석은 자동으로 진행되고 잠시 후 **Test and Score** 위젯을 더블 클릭하여 결과를 비교한다. 본 실습은 훈련 데이터를 대상으로 비교하므로, 나타난 팝업 창의 좌측에 있는 메뉴에서 **Test on train data**를 선택해준다. 화면 중앙에는 모델별로 MSE, RMSE, MAE, R^2라는 값이 제시되는데, 이 값을 비교하여 우수한 모델을 확인하고 그 모델이 제시한 값을 선택하면 된다. 결론적으로 말하면, MSEMean Squared Error, RMSERoot Mean Squared Error, MAEMean Absolute Error는 0.0에 가까울수록 좋으며, 반대로 R^2는 −1.0 ~ +1.0 사이의 값을 갖게 되는데, 0.0에 가까울수록 나쁘며 −1이나 +1에 가까울수록 좋다. 본 실습에서는 아다부스트 (AdaBoost)가 가장 설명력이 좋은 모델로 보인다.

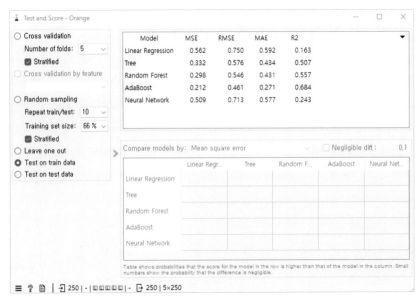

[그림 3-24] 모델 비교 결과 창

본 도서의 목적은 독자들이 통계나 프로그래밍에 대한 깊은 지식이 없이도 다양한 자동화 도구를 활용할 수 있도록 안내하는 것이다. 따라서 이들 값에 대한 상세한 설명은 생략한다. 다만 대략적으로 이해를 돕기 위하여 설명하면 MSE, RMSE, MAE는 공통적으로 예측값과 실제값 간의 차이를 수치화한 것이기 때문에 차이가 적을수록, 즉 0에 가까울수록 좋은 모델이다. 반면에 R^2는 독립변수와 종속변수 간의 관계인 상관관계를 제곱한 값이며 모델의 설명력이기 때문에 상관계수의 최대값인 −1이나 +1에 가까울수록 좋은 모델이다. −1은 부적(-)인 상관관계를, +1은 정적(+)인 상관관계의 방향을 나타내는 것이다. 극단적인 예로, 담배를 피면 100% 확률로 반드시 죽는다면 −1, 인삼을 먹어서 100% 확률로 반드시 회복한다면 +1의 최대값을 갖는다. 그러나 담배를 핀다고 100% 죽는 것도, 인삼을 먹는다고 100% 회복하는 것도 아닌 것처럼, R^2는 보통 −1과 1 사이의 값을 갖는다.

대표적인 지도 학습 방법으로는 회귀 분석을 이용한 예측 외에도 분류가 있다. 앞서 **실습 1**에서 경험했듯이 회귀 분석은 매출액 예측이나 집값 예측 등 종속변수(target) 값이 숫자이거나 등간 척도인 경우에 사용되는 모델이다. 그런데 경우에 따라서는 예측해야 되는 종속변수(target)가 숫자가 아니라 범주형 데이터로 존재하기도 한다. 이를테면 종속변수로 서비스의 최종 구매자가 학생인지 혹은 직장인인지 여부를 규명해야 한다거나 수많은 공룡의 특성(몸무게, 이빨의 개수, 크기, 발톱의 날카로움 등)을 독립변수(feature)로 투입하여 육식 공룡과 초식 공룡 중 어느 쪽에 해당되는지 적합한 분류를 파악해야 할 수도 있다. 이처럼 종속변수가 범주형 값을 가질 땐 어떻게 학습시키고 어떤 모델을 적용할지 알아볼 필요가 있다. 머신러닝에서는 이를 분류Classification 모델이라고 한다.

Iris 데이터 살펴보기

분류 모델을 이해하기 위해, Data 팔레트의 **Datasets** 위젯에서 기본으로 제공하는 붓꽃(Iris) 예제 데이터를 사용해보자. 이 예제 데이터에는 붓꽃의 품종을 구분할 수 있는 특성들이 있다. 예제 데이터를 이해하기 위해 붓꽃의 종류와 구분법을 간단히 살펴보자. 붓꽃은 꽃받침대 위에 꽃잎이 피어나는 겹꽃 구조를 가지는데 꽃받침을 **sepal**, 꽃잎을 **petal**이라고 부른다. 또한 붓꽃의 꽃받침과 꽃잎의 크기를 결정하는 길이와 너비는 종류별로 각각 다르다. 이와 같은 특성을 바탕으로 붓꽃은 세토사(Setosa), 버시칼라(Versicolor), 버지니카(Virginioca)의 3종으로 분류된다. Dataset 위젯에서 불러올 수 있는 Iris 데이터는 이 세 가지 붓꽃의 특성에 따라 많은 관측 사례를 데이터로 정리해놓은 것이다.

[그림 3-25] 붓꽃 3종 예시

우선 Iris 데이터를 불러와서 내용을 살펴보겠다. Data 팔레트에서 **Datasets** 위젯을 불러온 후 위젯 창을 열고 Iris 데이터를 선택한다. 그 다음 **Data Table** 위젯을 연결하고 불러온 Iris 데이터의 정보를 확인해보자.

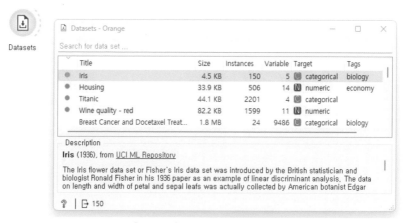

[그림 3-26] 붓꽃 데이터셋 불러오기

총 150개의 표본에 대하여 꽃받침(sepal)과 꽃잎(petal)의 길이와 너비가 기록되어 있으며, 종속변수(target)인 iris 변수에는 각 표본에 해당하는 품종이 무엇인지 제시되어 있다. 즉, 붓꽃 특성 데이터를 기반으로 하여 정답을 제공하고 있다.

Datasets   Data Table

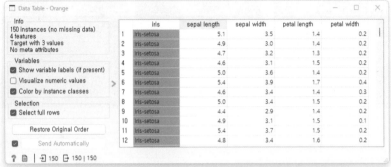

[그림 3-27] 붓꽃 특성 데이터

입력 데이터 준비

붓꽃 데이터는 Datasets 위젯을 통해서 불러올 수도 있지만, File 위젯을 통해서도 불러올 수 있다. File 위젯 창을 열면 붓꽃 데이터에 포함된 변수의 유형과 역할 지정을 확인할 수 있는데 변수 중 iris만 변수 타입은 분류(categorical), 역할은 target이며 이외의 변수는 모두 독립변수(feature)로 지정되어야 한다. 훈련 데이터 입력은 차후 분류 모델 구성 단계에서 자세히 다루겠다.

	Name	Type	Role	Values
1	sepal length	Ⓝ numeric	feature	
2	sepal width	Ⓝ numeric	feature	
3	petal length	Ⓝ numeric	feature	
4	petal width	Ⓝ numeric	feature	
5	iris	Ⓒ categorical	target	Iris-setosa, Iris-versicolor, Iris-virginica

Reset			Apply

[그림 3-28] iris 변수 지정

분류에 필요한 데이터는 엑셀 파일로 정리한다. 지금까지 알려지지 않은 3종의 새로운 붓꽃을 야외 벌판에서 발견했으며, 붓꽃 각각은 다음 표와 같은 특성을 보인다고 가정하겠다. 우리의 목적은 이들이 각각 어떤 품종에 해당되는지 자동으로 분류하는 것이다.

- 예측 데이터 (3종의 새로 발견된 붓꽃)

sepal length	sepal width	petal length	주요 특징
3.5	3.0	1.1	0.1
2.1	2.7	1.5	0.2
5.7	2.0	1.5	0.3

분류 모델 구성

이제 제공된 데이터와 정답을 기반으로 학습하는 모델을 구성하고 훈련을 시킨후, 새롭게 발견한 붓꽃 데이터를 가지고 품종을 판별할 것이다.

먼저 적절한 Model 위젯을 배치하여야 한다. 분류에 투입될 수 있는 학습 알고리즘 모델은 다양하기에 여러 모델을 비교하여 분류 성능이 뛰어난 모델을 찾아보고자 한다. 더 나은 모델을 찾는 가장 간단하고 강력한 방법은 사용 가능한 모든 경쟁 알고리즘 모델을 동시에 투입한 후, 모델들이 도출한 결과값을 가지고 비교한 후 선택하는 것이다. 물론 머신러닝에 사용되는 모든 알고리즘을 깊이 있게 연구한 이후에 데이터 특성에 가장 적합한 알고리즘 모델을 선별할 수도 있지만, 통계학이나 머신러닝 전공자가 아니라면 적정 모델을 직접 고르기까지 많은 시간과 노력이 투입될 것이다. 비전공자라면 우선 가능한 다수의 모델을 동시에 투입한 후에 비교 평가하는 것이 더 효율적일 수 있다.

다만 전공자가 아니더라도 각 모델에 대한 간략한 특성이나 모델 간 비교 방법은 파악하는 것이 좋다. 각 알고리즘 모델의 장단점을 비교하여 분석에 필요한 적정 모델을 빠르게 선택하는 데 도움이 되기 때문이다. 오렌지의 Model 팔레트를 살펴보면 분류에 투입 가능한 경쟁 알고리즘 모델들이 있는데, 다음 표는 이 중에서 중요하고 자주 사용되는 8가지 지도 학습 알고리즘의 특성을 비교한 것이다.

■ 알고리즘별 특성 비교

알고리즘 모델	적용 가능한 문제 유형	예측의 정확도	모델 훈련에 소요되는 시간	훈련 데이터의 숫자가 적어도 잘 작동하는가?
KNN	예측과 분류	낮음	빠름	아니오
Linear Regression	예측	낮음	빠름	예
Logistic Regression	분류	낮음	빠름	예
Naive Bayes	분류	낮음	빠름	예
Tree	예측과 분류	낮음	빠름	아니오
Random Forest	예측과 분류	높음	느림	아니오
AdaBoost	예측과 분류	높음	느림	아니오
Neural Network	예측과 분류	높음	느림	아니오

* 출처: Data School(www.dataschool.io)

 적정 모델 선택을 위한 기준 간단 정리

1. 머신러닝을 적용하여 해결이 필요한 문제가 '예측'인지 '분류'인지를 결정한다.
2. 모델 훈련에 소요되는 시간이 길수록 예측 정확도는 높아지는 경향이 있다.
3. 훈련에 투입되는 데이터 수가 풍부한지 여부에 따라 선택 가능한 방법이 다르다.

그럼 본격적인 분석을 위해서 알고리즘 수행에 필요한 위젯들을 배치하여 분류 모델을 구성해보자. 우선 Data 팔레트에서 2개의 **File** 위젯을 불러오고 각각 훈련 데이터, 예측 데이터로 명명한다. 훈련 데이터 위젯 창에서 iris.tab 데이터를 불러오고, 변수 지정이 제대로 되었는지 확인한다. 총 5개의 변수 중 iris는 종속변수(target)이고, 나머지 변수들은 독립변수(feature)로 변수 역할을 지정한다. 그리고 예측 데이터 위젯 창에서 미리 준비한 엑셀 파일(새로운 붓꽃 데이터)을 불러온다.

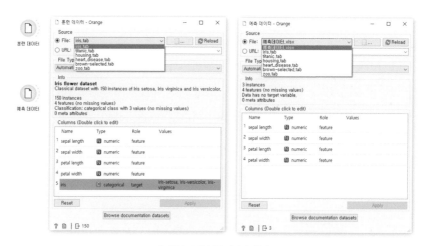

[그림 3-29] 붓꽃 데이터 입력

이제 Model 팔레트에 있는 다양한 모
듈 중 분류 모델에 사용 가능한 위젯
들을 연결한다. 예를 들어 Linear
Regression은 앞서 설명한 바와 같이
예측에만 사용 가능하므로 제외하여
야 한다. 본 사례에서는 분류 모델에
사용 가능한 모든 모델 위젯을 동시에
연결하여 훈련에 투입하였으며, 훈련
값은 Evaluate 팔레트의 **Predictions**
위젯으로 전달하였다. 그리고 예측 데
이터를 평가하기 위해 예측 데이터를
Predictions 위젯에 연결하였다.

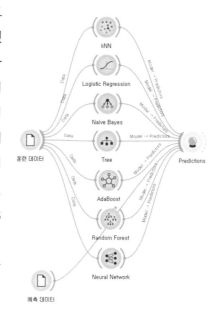

[그림 3-30] 분류 모델에 사용 가능한 위젯을 모두 연결

분석 결과

분류 모델 위젯의 연결까지 마치면 자동으로 모델별 분류 분석이 이루어지며,
Prediction 위젯을 열어보면 새롭게 발견한 3가지 종류의 붓꽃의 품종을 분류
한 결과를 볼 수 있다. 분류의 결과값은 투입한 분석 모델에 따라서 다소 차이가
있다. Neural Network는 3번째 붓꽃이 버시칼러(Versicolor) 품종이라고 판별
했지만, 나머지 모델들은 새로 발견된 세 가지 붓꽃 모두 세토사(Setosa) 품종이
라고 판별한 것을 볼 수 있다.

[그림 3-31] 분류 분석 결과

투입된 모델이 모두 같은 분류를 한다면 별다른 고민이 없겠지만, 일반적으로
모델에 따라 분류 결과가 약간씩 달라진다. 특히 예측해야 되는 붓꽃이 단 3개
가 아니라 수백 개 이상이라면 모델별 분류 결과는 더 큰 차이를 보이기도 한다.
이런 경우에 직면하게 된다면 어떤 모델의 결과를 상대적으로 더 신뢰하여야
할까? 그 질문에 답을 줄 수 있는 위젯이 있다. Evaluate 팔레트의 **Test and
Score** 위젯이다. [그림 3-32]와 같이 캔버스에 Test and Score 위젯을 불러와
서 각 모델 및 훈련 데이터와 연결해보자. 그러면 각 모델 간 예측값과 성능을
비교하는 계산이 자동으로 수행되며, 훈련 데이터를 투입하여 다양한 분석을
시행하였을 때 어떤 모델이 더 우수한지 성능을 평가한다.

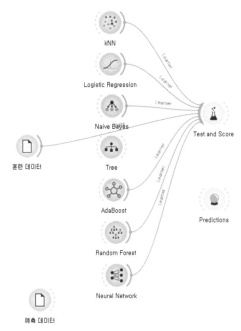

[그림 3-32] 테스트 스코어

Test and Score 위젯을 더블 클릭하면 모델 간 결과값을 비교하여 보여준다. 다양한 지표값을 보여주는데, 결론부터 이야기하면 AUC, CA, F1, Precision, Recall의 지표값들을 전반적으로 평가하여 1.0에 근접하는 항목이 더 많을수록 더 우수한 모델이라고 평가하면 된다. 이번 분석에서는 다양한 모델 중에서도 KNN과 Logistic Regression이 상대적으로 보다 1.0에 가까운 결과를 보이므로, 이들 모델의 결과값을 신뢰하는 것이 타당할 것이다.

Test and Score 팝업 창 좌측은 검증 방식을 지정하는 영역으로, 옵션에 따라 훈련 데이터를 투입하는 방식을 변경할 수 있다. 기본값은 5번 시행한 교차 검증(Cross validation) 방식이며, 이는 전체 표본 데이터를 5개의 그룹으로 구분한 뒤 독립적으로 검증하였다는 의미이다. 그 외 무작위 표본을 선정(Random sampling)하여 수행하는 것도 가능하다. 별다른 이유가 없다면 기본 옵션을 변경 없이 그대로 유지하여도 좋다.

검증 방식

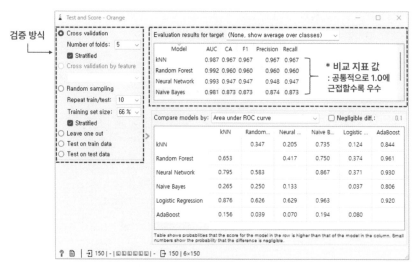

[그림 3-33] 분류 모델 간 비교

Test and Score가 제시하는 주요한 비교 지표는 혼동행렬Confusion Matrix에서 추출한 값들로 검증한 지표들이다. 혼동행렬은 머신러닝의 지도 학습으로 훈련된 알고리즘의 성능을 보여주는 표이다. 즉 예측값과 실제값이 일치하는 정도를 2*2 매트릭스 형태의 테이블로 보여주는 것이며, 이들 비교 지표는 혼동행렬을 기반으로 다양한 형태로 계산된 값으로, 혼동행렬에서 추정된 다양한 지표값들은 공통적으로 1.0은 완전한 예측 일치(성공), 0.0은 완전한 예측 불일치(실패)를 의미한다는 정도에서 이해하면 적절할 것이다.

Chapter 04

빅데이터 기반 텍스트 분석 자동화

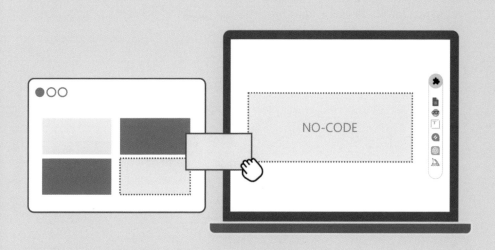

NO-CODE

숫자로 도출한 통계적 정보의 소중함과 별도로 인터넷과 소셜 미디어의 발달은 뉴스, 구전word of mouth, 소비자의 댓글, 블로그, 기타 콘텐츠 등 숫자로 표현할 수 없는 비정형적 데이터의 중요성을 강조하고 있다. 그러나 이들 비정형적인 텍스트 데이터는 웹과 소셜 미디어 등 곳곳에 각각의 형태로 산재해 있어서 수집하기 어려울뿐만 아니라, 어렵게 수집된 이후에도 언어와 빅데이터를 위한 통계방법론에 대한 이해 없이는 체계적인 분석이 불가능하였다. 그러나 다행히 웹 크롤링을 통한 빅데이터의 수집, 텍스트 데이터의 분석 과정도 이제 노코드 기반의 자동화로 이용할 수 있다.

텍스톰Textom이라는 웹 서비스 기반의 웹 크롤링Web Crawling과 텍스트 빅데이터 분석 서비스를 통하여 과거 파이썬이나 코딩으로만 가능했던 작업을 간단히 대체하는 방법을 배운다.

4.0 어떤 상황에서 사용될까?

사례 1 **조간지 초안 검토**

그리 멀지 않은 과거에 대기업 홍보 관련 부서의 출근 시간은 유달리 빨랐다. 다른 부서의 사원들이 9시 정시 출근하는 동안에도 이들은 순번을 정해놓고 매일 새벽 4시 이전에 출근하고 있었다. 그 이유는 홍보부의 임무와 관련이 있었다. 당일 발간되는 모든 조간지의 초안을 사전에 검토하고 임원들의 출근 시간 이전에 스크랩으로 정리하여 사내 주요 부서에 배포하기 위해서였다. 하루도 쉬지 않고 진행해야 하는 고된 업무였으므로 당연히 홍보실 직원들의 근무 만족도는 낮을 수밖에 없었으며, 간혹 중요 기사가 누락되는 경우에는 고생을 하고도 비난을 면하기 어려웠다. 억울해도 기업 내에서 누군가는 반드시 해야 하는 그런 일이었다. 그러나 이제 모든 신문기사가 온라인에서도 조회할 수 있게 되면서, 이런 홍보 부서의 풍경은 낯선 과거가 되었다.

사례 2 **새로운 기능성 식품 소재 개발을 위한 인사이트 찾기**

국내외 시장을 대상으로 비타민 등 건강기능식품을 판매하는 기업들은 수시로 경쟁사의 신제품 동향을 확인하고, 자사 제품을 이용하는 이용자의 경험은 어떤지 확인할 필요가 있었다. 전통적인 비타민이나 홍삼 같은 건강 작물 외에도 유산균, 마이크로바이옴 등 매번 새로운 기능성 식품 소재가 개발되고 있었는데, 이런 건기식 트렌드에 경쟁사보다 뒤처지게 되는 경우에는 매출 성장에 심각한 문제가 발생하기 때문이다. 또한 광고의 중심이 대중 매체에서 소셜 미디어나 블로그로 옮겨가면서 구매자의 구매 후기나 경험담에서 어떤 이야기가 오고 가는지 확인하고, 문제 발생의 가능성을 조기에 차단할 필요가 있었다. 이를 위하여 정례적으로 고객과의 미팅을 하고 있고, 조사 회사에 의뢰하여 여론조사를 주기적으로 진행하고 있지만, 이런 노력들은 극히 일부의 정보나 고객 의견만 확인할 수 있다는 점에서 분명히 한계가 있음을 느끼고 있었다.

진정한 사용자의 경험이나 의견은 매일 하루도 빠짐없이 웹, 블로그, 소셜 미디어 등에서 생산되고 있으며, 경쟁사의 정보는 수십 개가 넘는 언론 미디어나 기업의 홈페이지를 통하여 시시각각 업데이트되고 있다. 만일 이런 대규모의 공개된 데이터를 수시로 수집하고 요약하여 인사이트를 찾아낼 수 있다면, 홍보 부서나 마케팅 부서의 시장이나 경쟁 환경에 대한 이해도는 대폭적으로 증대할 것이다. 하지만 광고나 경영학 전공자가 주로 배치되는 홍보 부서에 웹 크롤링이나 스크래핑이 가능한 컴퓨터 공학 전공자가 코딩 능력자가 있을 리가 없다. 어떤 변화가 필요한지는 알고 있지만 결국 누가 할 수 있는가의 문제는 해결되지 않았다.

4.1 필요성

서베이 조사를 통하여 고객의 의견을 체계적으로 모으고, 통계 분석 도구나 머신러닝 도구를 이용하여 분석하고 시사점을 발굴하는 것은 효과적인 정보 수집 방법이다. 그러나 일부 소중한 데이터는 일반적인 통계분석으로는 처리하기 어려울 정도로 비체계적이고 정형화되지 않은 경우가 많다. 예를 들어 네이버 쇼핑몰에서 오픈 마켓을 운영하는 소매상이라고 가정해보자. 네이버에서 제공하는 애널리틱스 도구를 통하여 얻을 수 있는 방문율, 매출액, 고객 만족도, 페이지 체류 시간처럼 주로 숫자로 나타나는 깔끔하고 체계적인 데이터는 쇼핑몰 방문 고객을 이해하는 데 있어서 중요한 자료이다. 이런 데이터들은 집계를 내기도, 통계로 활용하기도 용이하다. 그러나 온라인 소매상들에게는 이런 숫자보다는 쇼핑몰에 달린 구매 후기, 별점 평가와 그 이유, 혹은 구매 후 인스타그램이나 페이스북 등에 올린 후기처럼 날 것 그대로의 소비자 의견을 가감 없이 전달하는 비정형적인 구전 데이터가 더 중요할 수 있다.

최근에 주목을 받는 텍스트 마이닝 기반의 빅데이터 분석은 비정형적 데이터를 수집할 수 있다는 장점이 있으며, 웹 콘텐츠의 양산과 소셜 미디어의 활성화 등 미디어의 다양화에 따라 점점 중요성이 강조되고 있다. 텍스트 분석은 AI와 머신러닝, 통계 및 자연어 처리NLP: Natural Language Processing 기술[1]을 결합하여 대량의 비정형 텍스트를 처리하고 데이터 패턴을 분석하여 통찰력을 확보하며 그 결과를 알기 쉽게 시각화하여 도출한다. 이를 통하여 다양한 기업과 스타트업들은 방대한 양의 콘텐츠 속에서 감춰진 진실을 찾고 구전 데이터를 마음대로 분석하는 것이 가능해졌고, 의사결정의 효율성을 높일 수 있게 되었다. 예를 들면 다양한 스타트업에 종사하는 데이터 마케팅 담당자는 지난 코로나 팬데믹 기간 동안에 '코로나'가 언급된 모든 신문 기사, 방송, 블로그, 인터넷 웹 콘텐츠를 수집한 이후, 코로나와 관련된 동향을 분석하여 언택트 시장을 이해하거나 신제품 개발 아이디어를 얻는 등 같은 주요한 의사결정에 반영할 수 있다. 또한 빅데이터 기반의 텍스트 분석은 단순히 최빈도 단어의 도출뿐만 아니라 감성 분석, 주제 모델링 등 다양한 세부적 기술을 사용한 추가적 분석도 가능하다.

[그림 4-1] 데이터 분석 과정 도해

인터넷의 발전과 사용자 증가는 텍스트 빅데이터의 마이닝Mining을[2] 기업 마케팅의 선택 조건이 아니라 필수 조건으로 변화시켰다. 2021년 기준으로 전 세계에서 최소 45억 명 이상의 사람들이 인터넷에 접속하고 있으며, 이들 중 49%는

---

1 자연어 처리(NLP)는 컴퓨터가 인간의 언어를 이해하고 해석하며 묘사할 수 있도록 돕는 AI의 한 분야이다. 자연어 처리를 이용하는 예로는 음성 검색, 챗봇, 메일 필터링, 자동 번역 서비스 등이 있다.
2 데이터 마이닝(Data Mining)은 데이터를 탐색하여 그 안에서 특정 패턴이나 가치 있는 정보를 발굴하는 작업이다.

인터넷과 소셜 미디어를 동시에 활용하고 있다. 이들의 인터넷과 소셜 미디어 활동의 결과로 소셜 미디어 게시글, 블로그, 메시지, 트위터 트윗, 그리고 다양한 언론의 기사와 지식인 답변 등 거대한 양의 텍스트 데이터가 매일 양산되는 시대에 살고 있으며 인터넷 이용자 간에 나누는 커뮤니티 메시지는 또 다른 텍스트 기반의 데이터베이스로 변화하고 있다.

그러나 이런 막대한 양의 텍스트 데이터는 귀중한 정보적 가치를 가지고 있음에도 불구하고 구조화된 형태를 갖추지 못하고 손에 잡히지 않은 채 인터넷의 도처에 그저 널려 있다가 사라지는 것도 사실이다. 구조화되지 않다는 것은 쉽게 표현하면 무한한 규모의 금광이 채굴되지 않고 버려진 것과 다름없다. 이들 데이터들은 대부분 제대로 정리나 요약·가공되지 않은 채 방치되어 있거나 서로 같은 내용을 반복하여 가진 데이터가 있거나 중요 키워드가 도출되지 않아서 데이터 전반을 이해하기 어려운 등의 문제점을 가지고 있다. 만일 이 방대한 양의 텍스트 데이터를 제대로 수집, 정렬하고 구조화하여 분석할 수 있다면 인터넷상의 구전 정보와 콘텐츠는 단순히 읽고 즐기는 심심풀이가 아니라 중요한 경영 정보로 탈바꿈할 수 있을 것이다. 기업들은 이런 통찰력을 활용함으로써 수익 창출, 신사업 기회 발굴, 고객 만족도 제고 등 긍정적 효과를 거둘 수 있다. 빅데이터 기반 텍스트 분석의 이점은 다음과 같다.

신속한 의사결정

경영 의사결정이 필요한 기업이 고객과 경쟁사의 동향, 제품과 서비스의 품질에 관한 정보들을 객관적으로 수집·분석하고 이해할 수 있도록 돕는다. 소셜 미디어나 웹에는 단순한 정보나 개인적 일상 소식 이외에도 많은 고객의 사용 후기와 신제품에 대한 뉴스 등이 올라가 있다. 빅데이터의 양은 기업과 브랜드, 신제품에 대한 관심사를 반영한다. 또한 분석을 통하여 획득한 질적인 정보는 고객의 니즈, 자사 및 경쟁사 상품의 장단점과 개선사항, 그리고 잠재적 시장 기회에 대한 정보를 담고 있다. 그 결과 빅데이터를 활용함으로써 신속한 의사결정, 효과적인 비즈니스 인텔리전스BI 향상, 비용 절감과 생산성 향상이 가능하다.

빠른 정보 요약

단순히 몇몇 언론사에 대한 뉴스 스크랩만으로는 필요한 정보를 충분히 모을 수 없다. 과거에는 모든 언론사를 빠짐없이 망라하여 방대한 정보를 확인하는 것은 소요되는 시간과 노력에 비하여 비효율적이라 여겨졌다. 그러나 이제는 빅데이터 분석과 시각화를 통하여 짧은 시간에 많은 양의 기존 문헌을 탐색하여 마케팅에 필요한 자료를 추출할 수 있다. 특히 롱테일Long tail 법칙[3] 에 따라서, 과거에는 비중을 두지 않았던 소소한 정보들이나 개개인의 사용 경험들 하나하나가 무시할 수 없는 귀중한 정보가 되었다. 이러한 인식의 변화와 기술의 발전으로, 누락 없는 전수 데이터 분석을 하여 균형 잡힌 정보 파악이 가능하게 되었다.

변화 트렌드 이해

빠르게 변화하는 사회 전반이나 소비자의 트렌드를 이해할 수 있다. 개인의 블로그 게시글을 수집하는 것은 은밀한 일기장을 열어보고 속마음을 들여다보는 것과 다르지 않다. 전통적인 트렌드 분석을 위하여 사용해온 서베이 조사나 인터뷰가 표본으로 선정된 극히 일부만의 의견을 반영할 수 있는 것과 달리 텍스트 마이닝은 광범위하고 심도 있는 의견을 누락 없이 반영할 수 있다.

고객에 대한 이해와 제안

마케팅의 근본적인 작동 방식은 소비자의 숨겨진 니즈를 파악하고 이들이 원하는 상품과 서비스를 제공하는 것이다. 웹과 인터넷에 존재하는 다양한 댓글과 소셜 미디어 콘텐츠에는 고객들의 욕망과 절망이 그대로 들어있다. 빅데이터는 고객에 대한 이해를 바탕으로 이들이 원하는 상품을 추천하거나 제안할 수 있게 도와준다.

---

3   대다수를 차지하는 다수보다 오히려 소수가 더 큰 가치를 창출하는 현상

4.2 알아두면 좋은 지식

빅데이터에 기반한 텍스트 분석에는 자주 사용되는 몇 가지 공통 분석 방법들이 존재한다. 이 분석 방법들을 이해하고 적절히 활용한다면 어떤 관심 주제나 키워드 분석에도 효과적으로 사용될 수 있다.

분석의 종류

감성 분석

감성 분석을 통하여 웹 문서 등 비정형 텍스트가 전달하거나 담고 있는 전반적인 느낌이나 정서를 확인할 수 있다. 제품에 대한 리뷰나 고객의 평점 후기 같은 상호작용 내용, 소셜 미디어의 트윗이나 타임라인, 블로그, 뉴스나 방송 기사, 지식인 콘텐츠 등 텍스트 데이터의 종류는 다양하며, 이들 문서 속에는 전반적인 정서가 담겨있다. 예를 들어 새로운 화장품의 성능에 만족한다면 감동, 기쁨, 환호 등이 긍정적인 느낌이 담기겠지만 불만족한다면 좌절, 분노 등이 주된 내용이 될 것이다. 감성 분석은 다양한 유형이 있지만 주된 사용 목적은 문서들을 긍정적 감정 혹은 부정적 감정으로 분류하는 것이다.

실제 분석 과정에서는 보다 세부적인 분류 기술이 사용되는데, 분류 기술은 감성 분석을 세분화하여 혼란, 실망, 기대와 같이 호의적 감정과 비호의적 감정을 다시 분류해준다. 감성 분석의 사용 상황은 특정 제품이나 서비스에 대한 고객의 반응 측정, 기업의 사명, 브랜드에 대한 감성 측정을 통한 브랜드 평가, 소비자 태도의 이해, 고객 불만 요인의 분석, 자사의 강점과 포지셔닝, 장단점 분석 등 다양하게 응용되어 사용된다. 감성 분석을 통하여 소비자가 제품이나 브랜드, 기업에 대하여 느끼는 전반적인 온도를 감지할 수 있다.

토픽 모델링

토픽 모델링Topic Modeling은 방대한 양의 텍스트로 구성된 빅데이터 속에서 언급되는 주요한 의제인 토픽을 발굴하는 데 사용된다. 토픽 모델링은 특정한 장문의 신문 기사에서 핵심 주제가 무엇인지 식별하기 위한 용도로 키워드를 분석하고 주제를 도출해낸다. 예를 들면 바이오 산업이나 전기 자동차 등 특정 분야의 논문과 기사 수백 편을 검사하여 전 세계적으로 진행되는 유망한 연구 개발 테마를 확인할 수 있다. 또한 온라인 미디어를 운영하는 개인은 토픽 모델링을 통하여 최근 MZ 세대에게 인기 있는 밈Meme이나 관심사를 확인할 수 있다. 혹은 신제품을 개발하려는 기업은 어떤 고객의 니즈가 부각되고 있는지를 확인하고 개발에 착수할 수 있다. 이처럼 토픽 모델링은 대규모 텍스트 빅데이터 속에서 의미 있는 주제를 찾음으로써 콘텐츠에 대한 의미 있는 요약 정보를 제공한다.

TF-IDF 분석

TF-IDFTerm Frequency - Inverse Document Frequency 분석은 특정 키워드가 텍스트 빅데이터 또는 문서에 나타나는 빈도를 측정하고, 해당 키워드가 문서에서 차지하는 상대적 중요도를 결정하는 데 사용한다. 만일 피부 보습을 목적으로 하는 화장품 브랜드와 관련하여 가장 많이 언급되는 키워드가 겨울철 피부, 피부 건조 등과 같은 키워드라면, 그 화장품 브랜드의 포지셔닝은 잘 구축되었다고 할 수 있다. 이처럼 키워드의 출현 빈도를 기반으로 키워드의 중요도를 결정하고 의미가 적거나 통찰력을 제공하지 못하는 단어나 다른 키워드, 불필요한 접속사 등을 제거할 수 있다.

이벤트 추출

이벤트 추출은 텍스트 빅데이터에서 언급된 주요한 이벤트를 확인한다. 즉, 기업 대상 콘텐츠의 경우 신제품 개발 소식, 합병과 인수, 중요한 컨퍼런스 개최처럼 의미 있는 사건들을 선별하거나 인식할 수 있다. 이를테면 소셜 미디어 콘텐츠를 분석하여 언제 어디서 누구를 만났는지 등을 파악하거나 기업의 하청업체나 거래업체가 법정 소송이나 특허권 분쟁, 파산 위험 등에 휘말렸는지 등을 파악할 수 있다. 이를 위하여 이벤트 추출의 고급 알고리즘은 이벤트뿐만 아니라 필요한 경우 장소, 참가자, 날짜 및 시간을 인식할 수 있다. 고급 분석 기술인만큼 다양한 분야에서 여러 용도로 사용되는 유익한 기술이다. 이벤트 추출은 다양한 기업이나 기관 뿐만 아니라 국가 안보 등 다양한 분야에서 유용하게 사용될 수 있다. 그 외 이벤트가 발생한 위치를 추적한 이후 지도로 표시하는 지리 공간 분석이 가능하다. 또한 비즈니스 위험도에 대한 사전 모니터링과 분석이 가능하다. 이벤트 추출 기술을 적용하여 공급망이나 유통망의 파트너의 신뢰성 예측, 도산 등 위험도 예측 등을 할 수 있고 적절한 대응 활동을 선제적으로 진행할 수 있다.

분석의 과정

이처럼 빅데이터 분석은 많은 직관과 통찰력 있는 정보를 제공하지만 실제 과정은 단순하지 않다. 출처에 따라서 문장의 길이, 형태, 어투, 사용되는 단어 등이 각기 다른 다양한 비정형의 데이터를 수집, 정제, 분석하기 위한 일련의 정교한 처리 및 분석 과정이 필요하다. 텍스트 마이닝 분석에 투입되는 일반적인 과정을 예시하면 다음과 같다.

데이터 수집

텍스트 기반의 데이터는 문서, 블로그, 뉴스, 웹 콘텐츠 등 다양한 형태로 존재한다. 또한 과거에 구축되어 아직 온라인화되지 않거나 PDF나 워드 등 문서 형태로 존재하는 경우도 있으며, 그 외 웹이나 소셜 미디어 페이지 등 텍스트 포맷으로 변환될 수 있는 거의 모든 자료가 포함된다. 도서, 법령, 기타 고문서 등도 PDF로 변환하여 분석을 할 수 있다. 그러나 대부분 텍스트 빅데이터의 주요한 소스는 인터넷이 될 것이다. 인터넷에는 신문 기사, 블로그, 카페 글, 소셜 미디어 등 다양한 미디어들이 텍스트 형태로 구축되어 있다. 고객과의 채팅, 상담, 이메일, 제품 리뷰, 인플루언서와 팔로워 간 대화 등 내용과 형식이 다양하다. 그러나 이러한 데이터들은 곳곳에 산재하여 존재하며 체계적으로 정리되어 있지 않기 때문에 직접 수집하는 과정이 필요하다. 일반적으로 수집에는 파이썬 등 외부 프로그램 자원을 활용하여 웹 크롤링Web Crawling 등을 실행하게 된다. 혹은 패키지화된 크롤링 소프트웨어를 활용하여 파이썬 등 프로그래밍 언어에 대한 이해나 숙련도 없이 노코드No code로 직접적 수집도 가능해지고 있다.

데이터 준비

준비된 비정형 데이터를 바로 분석에 투입할 수는 없으며, 보통 분석에 투입하기 전에 머신러닝 알고리즘에서 이를 분석하기 위해서는 자연어를 전처리 Preprocessing하는 단계가 필요하다. 데이터가 방대한 만큼 데이터 전처리 준비에 많은 시간과 노력이 투입되므로 대부분의 텍스트 분석 소프트웨어에서 데이터 준비 단계는 자동으로 진행된다. 다만 추가적으로 수동으로 전처리를 할 수 있는 옵션을 제공하여 보다 세밀한 데이터 준비를 가능하게 해준다. 자동화된 전처리만으로는 아직 완벽하게 처리되지 않는 부분들이나 전문 용어의 존재, 뉘앙스의 차이 등이 여전히 존재하기 때문이다. 예를 들어 '판다'는 물건을 판매한다는 의미의 동사인지 중국의 판다 곰을 의미하는 명사인지, 혹은 '가능'과 '가능한'처럼 조사를 포함한 단어를 각기 다른 단어로 인식할지 동일어로 인식할지의 여부는 여전히 인간이 전처리 단계에 개입하여 지정해주어야 경우가 많다. 포함되는 데이터 준비 과정은 토큰화, 품사 태깅, 구문 분석, 표제어 및 형태소 분석, 불용어의 제거 과정 등이다. 주요 과정들을 간단히 소개하겠다.

토큰화

토큰Token이란 문법적으로 더 이상 나눌 수 없는 언어의 구성 요소를 의미하며, 토큰화는 수집된 말뭉치에 포함된 연속된 문자열을 더 작은 단위인 토큰으로 나누는 작업이다. 즉, 텍스트를 토큰화한다는 건 전체 말뭉치에 포함된 토큰들을 각각 분리한다는 의미이다. 말뭉치는 코퍼스Corpus라고도 부르는데, 특정한 목적을 가지고 추출된 언어의 표본 집합이다. 말뭉치는 크게는 옥스포드 영어 코퍼스처럼 특정 언어 전체가 될 수도 있고, 법학 말뭉치처럼 특정 전문 영역으로 국한될 수도 있다.

토큰화는 크게 단어 토큰화 혹은 문장 토큰화로 나눌 수 있는데, 단어 토큰화는 문장에서 단어를 토큰으로 분리하는 작업, 문장 토큰화는 텍스트에서 문장을 분리하는 작업이다. 예를 들어 'I am Tom'이라는 말뭉치의 단어 토큰화는 'I', 'am', 'Tom'으로 나누어진다. 문장 토큰화는 'Hello? I am Tom'을 'Hello'와 'I am Tom'이라는 두 개의 문장으로 나누어준다. 토큰화는 모든 자연어 처리의 기초 과정이며, 공백 등을 포함하여 텍스트의 원하지 않는 부분의 삭제가 가능하다. 쉬운 예를 들기 위해 영어를 사용했지만, 한국어는 이에 비해 조사가 다양하고 단어의 형태 변화가 많다. 이런 점은 한국어 자연어 처리의 어려움을 가중하는 요인이 되므로 주의하길 바란다.

품사 태깅

빅데이터로 투입된 초기 문서는 자연어를 담고 있으므로 당연히 다양한 품사들이 포함된 문장이다. 품사는 단어를 기능이나 형태, 의미에 따라 나눈 분류이다. 한국어를 기준으로 할 때 품사는 형태별 분류(가변어, 불변어), 기능별 분류(체언, 수식어, 독립어, 관계어, 용언), 그리고 문법적 분류(명사, 대명사, 수사, 조사, 동사, 형용사, 관형사, 부사, 감탄사)로 나누어진다. 품사는 텍스트 데이터의 분석을 어렵게 하는 요인 중 하나이다.

한국어는 형태가 바뀌지 않는 불변어보다는 다양하게 변화하는 가변어가 훨씬 많다. 예를 들어 '가다'라는 의미의 동사는 문장에서 위치나 쓰임에 따라 '가니', '간다', '가더니', '가니?', '갔다' 등으로 변형된다. 이를 분석하기 위해서는 의미는 동일하나 쓰임은 다른 단어들을 품사 단위로 분류하는 품사 태깅Tagging이 필요하다. 위에서 제시된 모든 경우들은 '가다'라는 하나의 품사로 치환될 수 있다. 이처럼 품사 태깅은 문장의 문맥을 이해하고, 구조를 분석하여 각 단어에 원형이 되는 품사를 태그로 붙이는 작업이다. 텍스트 데이터의 각 토큰에는 명사, 동사, 형용사, 부사 등 품사가 할당되며, 품사 태깅은 방대하고 반복적인 작업이므로 보통 형태소 분석기라는 전용 프로그램을 활용하여 일괄적으로 자동 처리하는 것이 보통이다.

형태소 분석

형태소란 언어에 있어서 최소의 의미를 가진 단위이다. 형태소는 실질적인 의미 즉, 어휘적 의미를 가지면 어휘 형태소 아니면 문법 형태소로 나눌 수 있다. 예를 들어 '나는 입사 시험을 잘 봐서 맥주를 한 잔 하였다'라는 문장에서 '나', '입사', '시험', '잘', '보', '맥주', '한', '잔', '하는'은 어휘 형태소이고 '는', '을', '서', '였다'는 문법 형태소이다. 형태소 분석은 간단해 보일 수도 있지만 실제로는 매우 복잡다단한 과정이다. 명사와 조사를 나누어 분리하는 것, 동사와 형용사에서 어간과 어미를 분리하는 것 등 어떻게 나누면 좋을지 정답을 결정하기 어렵기 때문이다. 분석 시 선택 가능한 형태소 분석기는 여러 가지가 개발되어 있으며, 이들은 조금씩 다른 방식으로 분석 결과를 제공하고 있다. (차후 실습에서 한글 형태소 분석기들을 소개하겠다.)

불용어 처리

빈번하게 사용되지만 텍스트 분석에서는 가치가 없는 모든 토큰이 제거되는 단계이다. 예로 영어 문자의 정관사(a, the) 등이 혹은 한국어 문자의 조사(은, 는, 이, 가) 등이 분석 목적을 위하여 불용 처리되고 제거될 수 있다. 불용어 처리 단계에서는 필요에 따라 특정 불용어를 연구자가 맞춤으로 지정하여 제거할 수 있다.

텍스트 분석

비정형 텍스트가 분석에 적합한 데이터 형태로 정제된 이후에는 텍스트 분석 기술을 사용하여 필요한 통찰력을 빅데이터로부터 획득한다. 사용되는 기술 중에서 텍스트의 분류와 추출이 많이 활용된다.

텍스트 분류

텍스트 태깅Tagging이라고도 불린다. 이 단계에서는 의미에 따라 특정 태그가 텍스트에 할당된다. 예를 들어 사용자 간의 대화를 분석하는 동안에 '호의적', '비판적'과 같은 특정 태그를 지정하여 할당할 수 있다. 텍스트 분류 과정은 종종 규칙 기반 알고리즘 혹은 머신러닝 기반 시스템을 사용하여 수행된다. 규칙 기반 알고리즘에서 인간은 언어 패턴과 태그 간의 연관성을 정의한다. 예컨대 '양호'는 긍정적 리뷰로, '나쁨'은 부정적 리뷰로 식별될 수 있다.

텍스트 추출

비정형 입력 데이터에서 인식이 가능하고 구조화된 정보를 추출하는 과정이다. 이 정보에는 주요한 키워드, 인명, 장소, 이벤트 등이 포함된다. 텍스트 추출을 위한 간단한 방법 중 하나는 정규식을 활용하는 것이다. 이는 입력 데이터의 양과 복잡성이 동시에 증가할 때 유지 관리를 도와주는 복잡한 방법이다.

결과 시각화

텍스트 분석 결과를 보다 잘 이해하기 위하여 결과는 데이터 시각화 과정을 통하여 보여줄 수 있다. 그래프, 표, 차트, 의미 연결망Semantic Network 등이 데이터 시각화에 사용된다. 이는 빠른 데이터 이해와 의사결정의 신속성을 도와준다. 특히 데이터 분석가가 아니라 의사결정자에게 빅데이터의 의의와 시사점을 한눈에 보여줄 필요가 있을 때 사용한다. 복잡한 분석 결과를 요약하여 성과를 경영자에게 설득시키기 위한 과정으로, 화룡정점에 해당하는 절차이다.

4.3   금손 도구 소개

앞서 살펴본 바와 같이, 텍스트로 구성된 빅데이터를 분석하기 위해서는 웹 크롤링이나 웹 스크래핑을 할 수 있는 언어를 이해하고 코딩을 할 수 있음은 물론이고 분석 대상인 언어 구조에 대한 이해도 필요하다. 비정형 텍스트로 구성된 빅데이터를 수집하기 위한 방법과 도구들은 다양하다. 그중에서 단연코 가장 잘 알려진 도구는 파이썬Python과 R 기반의 프로그램들이다. 이들 모두는 매우 강력한 분석 기능을 지원하고 사용자가 다양하게 활용할 수 있는 유연성이 높다는 점에서 뛰어난 도구들이다. **파이썬**은 1991년 발표된 인터프리터 방식의 프로그래밍 언어로, 영어 자연어와의 유사성이 높으며 읽고 쓰기 쉬운 문법을 가져 가독성과 생산성이 좋다. 이러한 점에서 파이썬은 전 세계 많은 개발자들의 지지를 받고 있으며, 풍부한 생태계(큰 규모의 사용자 커뮤니티, 다양한 패키지 및 라이브러리)를 가진 덕에 다른 언어에 비해 프로그래밍 초보자들이 진입하기 좋고 도움을 쉽게 받을 수 있다. 실생활에서 파이썬은 엑셀 자동화, 파일 처리 자동화, 웹 크롤링 자동화 같이 업무 시간을 절감하는 목적으로 사용되고 있다. 특히 파이썬을 활용한 빅데이터 텍스트 분석으로는 웹 크롤링을 이용한 자동화 기능이 많이 사용된다. **R**은 흔히 R 프로젝트R Project로 불리며, 1993년 개발되어 통계 및 그래프 작업에 많이 사용되는 특화된 인터프리터 언어이다. 특히 SPSS, SAS, STATA 등 동일한 분석을 지원하는 경쟁 관계의 통계처리 프로그램들에 비하여 프로그래밍의 자유도가 높고, 무료 배포를 통하여 빠르게 이용자층을 확대하고 있다. 최근에는 R의 최대 단점이었던 불친절한 인터페이스와 코딩의 어려움을 해결한 자모비Jamovi 등 R 기반 노코드 애플리케이션도 속속 등장하고 있다.

[그림 4-2] R과 파이썬

보통 R과 파이썬을 사용하여 텍스트 마이닝을 하지만 둘 다 한계점은 있다. 어느 정도 코딩 지식이 필요한 도구라는 점, 웹 크롤링 후 데이터 전처리 과정 등에서 어려움을 느끼거나 잘못된 절차의 적용으로 부정확한 결과가 나올 우려가 있는 점 등 비전공자 입장에서는 다양한 어려움이 따른다. 이들에게는 파이썬이나 R 모두 충분한 대안이 되지 못하는 것이다. 따라서 비전공자의 빅데이터 분석을 위해서는 노코드 기반의 보다 쉬운 통합 솔루션이 필요하다.

그런 점에서 보았을 때 노코드로 빅데이터 분석이 가능한 서비스인 텍스톰Textom 을 고려해볼 수도 있다. 텍스톰은 텍스트 기반의 빅데이터의 웹 크롤링 수집에서 분석, 시각화까지 일련의 분석 작업을 수행하는 토탈형 솔루션 서비스의 일종이다. 웹과 소셜 미디어 등 인터넷 자료를 빠르게 수집하여 필요한 데이터를 수집하고 분석할 수 있으며, 개인 문서 자료를 활용한 분석도 가능하다. 분석 단계별로 자동화된 처리 과정을 도입하여 데이터 분석의 알고리즘이나 프로그래밍 능력이 없어도 데이터가 분석되는 과정을 시각적으로 진행할 수 있고, 실무에 빠르게 적용할 수 있는 직관적인 분석 결과를 보여준다. 텍스톰은 데이터의 효율적 저장·관리를 위하여 하둡Hadoop[4] 기반의 저장·관리 분산파일처리 시스템을 적용하고 있다.

수집·정제·분석된 데이터의 저장과 관리, 효율적인 실시간 분석을 위하여 데이터 색인 기능을 제공하고 있으며 수집된 데이터를 보관할 수 있다. 특히 단순히 수집 과정의 데이터뿐만 아니라 분석자 개인이 보유한 기타 데이터도 투입하여 처리가 가능하며, 베이지안 분류기Naive Bayes Classification를 활용하여 머신러닝에 의한 한국어 감성 분석이 가능하다. 한국어 전처리 과정의 애로사항인 조사와 특수 문자에 대한 처리를 지원하며, 분석 언어로는 한국어 이외에도 영어나 중국어까지 형태소 분석이 가능하다.

전처리 클렌징Cleansing을 완료한 이후에는 분석자의 편의를 고려한 맞춤형 데이터 정제를 추가로 진행할 수 있고, 표준적으로 쓰이는 UCINET, NodeXL 등 다양한 분석 프로그램에서 사용될 수 있는 데이터 포맷을 제공하는 것도 장점이다. 또한 텍스트 유사도를 확인할 수 있는 다양한 분석 결과(유클리디언, 자카드, 코사인 등)도 제공한다. 분석된 값은 에고 네트워크Ego Network 등 다양한 형태로 시각화하여 보여줄 수도 있다.

---

4   대용량의 비정형 데이터는 기존의 데이터베이스 기술로는 처리하기 어려워짐에 따라, 여러 대의 범용 컴퓨터를 연결하여 클러스터화하고, 큰 크기의 데이터를 병렬로 동시 처리하여 분석 속도를 높이는 분산 처리 방식을 의미한다.

4.4 텍스트 분석 자동화 실습 - 텍스톰

텍스톰은 웹에서 모든 처리가 진행되는 SaaSsoftware as a service 형태로 제공되기 때문에 별도의 프로그램을 다운로드하거나 설치할 필요가 없다. 즉, 웹에 접속할 수만 있다면 윈도우, 리눅스, 맥북, 아이패드, 스마트폰 등 모든 기기에서도 사용될 수 있다. 서비스 이용을 위해서는 우선 텍스톰 홈페이지(www.textom.co.kr)에 접속 후 회원 가입이 필요하다.

텍스톰의 서비스 형태는 세 가지로 다음과 같다.

- **텍스톰(TEXTOM)**: 한국어와 영어 등 일반적인 용도의 빅데이터 분석
- **텍스톰 에듀(TEXTOM Edu)**: 대학이나 교육 기관의 교육 실습용 ID를 발급 가능
- **텍스톰 차이나(TEXTOM CHINA)**: 한자 문화권인 중화권의 콘텐츠 분석

텍스톰 에듀는 이미 수집이 완료된 키워드 데이터를 재활용하여 교육 목적으로만 제공하는 무료 서비스이며, 수십 개의 ID를 한 번에 신청가능하다. 다만 에듀 버전을 사용하려면 텍스톰 관리자에게 메일로 사전 신청 후 승인을 받아야 한다.

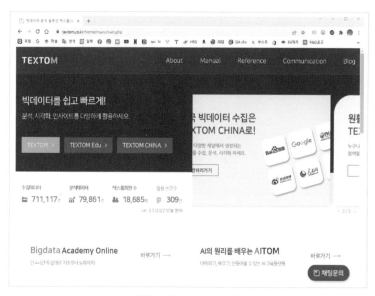

[그림 4-3] 텍스톰 홈페이지

텍스톰 서비스 요금은 두 가지 조건(분석 가능한 최대 텍스트 데이터 용량, 서비스 이용 기간)에 따라 달라진다. 데이터 수집 단위는 최소 10MB이며 이용 기간은 3개월 단위로 선택할 수 있다. 만일 10MB의 용량을 6개월간 사용한다면 대략 24,000원 정도의 요금이 소요되므로 큰 부담은 아니다. 다만 이용 기간이 종료되면 잔여 데이터가 있더라도 자동으로 소멸되기 때문에 주의가 필요하며, 본인이 이용하기에 적절한 조건을 고려하도록 한다. 그리고 요금 결제를 진행하기 전에 미리 요금을 시뮬레이션해볼 수 있으니 참고하면 좋다.

[그림 4-4] 요금 결제 화면

주제에 따라 다르지만 일반적으로 웹 문서 1건당 예상되는 수집 데이터는 약 3KB 정도이며, 대략 1,000건의 웹 콘텐츠를 수집할 경우 3~4MB 정도가 소요된다. 또한 학생이나 연구자가 이용할 경우에는 추가 할인이 적용된다. 좀 더 자세한 사항은 텍스톰 홈페이지의 요금 정보(Price information) 항목에서 확인할 수 있다.

 텍스톰 서비스 최초 이용 시 참고

텍스톰은 기본적으로 유료 서비스지만 최초 가입자에게는 서비스 체험을 할 수 있는 10MB 무료 데이터 용량을 제공한다. 우선 무료 용량을 가지고 텍스톰의 기능을 체험해보고 향후 이용 여부를 결정하는 것도 좋은 선택이다. 참고로 체험용으로 제공되는 무료 용량은 서너 번의 분석을 거뜬히 수행할 수 있을 정도의 용량이다.

텍스톰의 분석 과정

텍스톰을 시작하기 위해서 첫 화면에서 가입한 회원 정보를 활용하여 텍스톰 SV에 로그인을 진행한다.

[그림 4-5] 텍스톰 로그인 화면

로그인을 진행하면 분석이 가능한 최초 화면으로 전환된다. 화면의 좌측 사이드에는 분석에 필요한 전 과정이 메뉴 형태로 제공되며, 화면 중앙에는 지난 분석의 분석 결과를 요약 형태로 제시해준다.

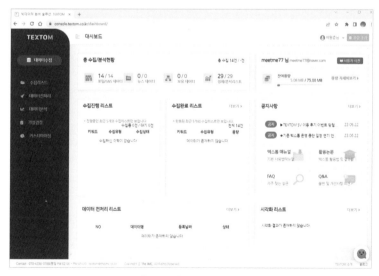

[그림 4-6] 분석 초기 화면

텍스톰의 분석 과정은 크게 **데이터 수집 → 데이터 전처리 → 데이터 분석 → 시각화** 단계를 거친다. 보통 텍스트 분석을 프로그래밍으로 진행할 경우 매우 복잡하고 시간이 소요되지만, 텍스톰은 단지 몇 번의 클릭만으로 이 모든 과정을 진행할 수 있다. 그리고 분석 과정을 따라 알아서 순차적으로 진행해주기 때문에 분석 진행 순서를 고민한다거나 단계별로 필요한 지식을 암기해야 하는 등의 부담 요소가 크게 없다. 자신의 현재까지의 진행 단계를 알고 싶다면 언제든 웹 화면의 좌측을 확인하면 된다.

데이터 수집

텍스톰은 웹 크롤링 기법을 기반으로 자동으로 데이터 수집을 진행하며, 수집 영역을 크게 3가지(포털/SNS, 뉴스, 보유 데이터)로 분류한다. 영역별로 어떤 데이터를 수집할 수 있는지 알아보자.

[그림 4-7] 텍스톰에서 데이터 수집이 가능한 영역 3가지

- **포털/SNS**

현재 텍스톰에서 포털 및 SNS 데이터 수집이 가능한 채널은 네이버, 다음, 구글, 바이두, 유튜브, 트위터이다. 채널별로 수집 가능한 콘텐츠는 다음과 같다.

수집 채널	채널별 수집 가능한 콘텐츠
네이버	블로그, 뉴스, 카페, 지식iN, 학술정보, 웹 문서의 제목, 본문, URL
다음	블로그, 뉴스, 카페, 웹 문서
구글	블로그, 뉴스, 카페, 웹 문서
바이두	콘텐츠 제목, 본문 URL
페이스북/유튜브/트위터	제목, 본문, URL

수집을 위해서는 채널 선택 후 사용자가 분석을 희망하는 핵심 키워드를 입력
해야 하며, 키워드 미리보기 기능을 통하여 수집할 키워드의 검색 추이나 연관
키워드에 대하여 알아볼 수 있다. 미리보기 기능은 네이버 채널을 기준으로 적
용되며 필수적인 과정은 아니어서 생략되어도 무방하다. 키워드는 하나의 키워
드를 이용하여 수집할 수도 있고 키워드 추가를 통하여 동일한 수집 조건을 적
용한 후 여러 개 키워드에 대한 수집 리스트를 한 번에 생성할 수도 있다. 복수
의 키워드를 이용하여 빠르게 수집할 경우에 적용할 수 있으며, 흔히 사용하는
연산자 기능을 통하여 키워드 검색의 세부 사항을 조정할 수도 있다.

 연산자 기능을 이용한 키워드 검색

검색 연산자를 활용하는 방법으로 좀 더 정확도 높은 검색 결과를 얻을 수 있다. 이 방
법은 네이버와 구글 채널 검색 시에만 유효하며 사용 가능한 연산자는 아래와 같다.

네이버 채널 검색 연산자

노코드+마케팅	'노코드'를 검색한 결과 중 '마케팅'을 포함 (둘 다 포함)
노코드-마케팅	'노코드'를 검색한 결과 중 '마케팅'을 제외
노코드|마케팅	'노코드'와 '마케팅' 중 하나 이상 포함
"노코드"	정확하게 '노코드'와 일치하는 검색 결과

구글 채널 검색 연산자

노코드-마케팅	'노코드'를 검색한 결과 중 '마케팅'을 제외
노코드OR마케팅	'노코드'와 '마케팅' 중 하나 이상 포함
노코드AND마케팅	'노코드'를 검색한 결과 중 '마케팅'을 포함 (둘 다 포함)
Site:youtube.com nocode	youtube.com에서 'nocode' 검색 결과
Inurl:nocode	URL에 'nocode'가 포함된 검색 결과
Intitle:nocode	문서 제목에 'nocode'가 포함된 검색 결과

웹 크롤링을 적용할 기간 또한 설정해야 한다(그림 4-8 참조). 1주, 3개월, 1년 중 하나를 클릭하여 선택하거나 수집 기간을 직접 입력하는 방식도 가능하다. 그 이후에는 수집 단위의 사용 여부를 결정하여야 한다. 이 항목의 기본값은 **사용 안함**으로, 기간에 관계없이 수집 채널별로 최대 1,000건의 문서를 수집하게 된다. 만일 채널별로 1,000건 이상의 문서가 존재한다면 수집이 제한될 것이다. 이를 해결하기 위해서는 수집 단위를 사용으로 변경하고 일, 주, 월, 연 중 하나를 선택해준다. 예를 들어 주 단위를 선택하고 1개월 치(4주) 데이터를 수집한다면 각 주당 1,000건씩 분리 수집되어 최대 4,000건의 문서가 수집될 것이다.

[그림 4-8] 수집 조건의 설정

■ 뉴스

KBS, 조선일보, 동아일보 등 국내 주요 언론사의 관련된 웹사이트 20여곳으로부터 문서 수집이 가능하다. 수집하는 정보는 제목, 본문, 날짜, URL 주소이다. 뉴스로 확인하는 동향이나 정보를 체계적으로 분석하는 데 용이하다. 다만 뉴스 채널은 수집 단위를 사용할 수 없다.

[그림 4-9] 수집 가능한 뉴스 채널

■ **보유 데이터**

개인이 보유한 다양한 문서 데이터를 투입할 수 있다. 수집 가능한 문서 포맷은 txt, pdf, 엑셀(xls, xlsx) 형태이기 때문에, 종이나 책자로 된 문서를 가지고 있다면 먼저 pdf 등으로 변환을 해야 한다. 수집 시 문서 데이터의 특정 시트나 칼럼을 지정하여 입력할 수 있다.

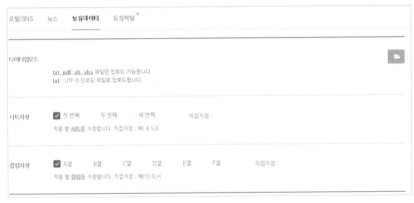

[그림 4-10] 보유 데이터 선택

데이터 전처리

[그림 4-11]은 데이터 전처리 단계와 데이터 분석, 시각화 과정을 설명하기 위하여 텍스톰을 이용하여 데이터를 수집한 예이다. 데이터 수집 키워드는 '충북 바이오 산업'이며, 수집 기간은 2022년 1월 1일부터 2022년 2월 24일까지 약 2개월로 설정하였다. 수집 채널로는 네이버와 다음의 '뉴스' 콘텐츠만 선택하였다. 수집 조건을 모두 설정한 후 화면 하단의 **수집 리스트 생성**을 클릭하면 웹 크롤링을 통한 데이터 수집이 자동적으로 진행된다. 데이터 수집 시 시간이 소요되는데, 이 시간은 이용자들의 분석 요구가 서버에 쌓일수록 길어진다. 그러므로 대기열이 긴 경우에는 심야 시간에 분석을 시켜놓는 것을 추천하며, 이후 로그아웃하거나 PC를 종료하여도 이와 관계없이 분석이 진행된다. 수집이 완료되었다면 수집 리스트를 직접 선택한 후 화면 상단의 **정제/형태소 분석** 버튼을 클릭하여 다음 단계로 넘어간다.

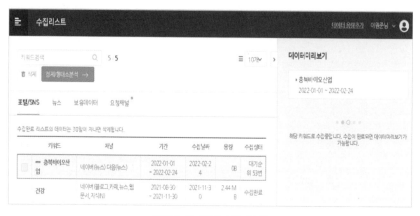

[그림 4-11] 데이터 수집 리스트

 텍스톰을 이용해 데이터 수집 시 참고 사항

데이터 수집을 완료하면 수집된 데이터에 관한 추가 정보가 생성되는데, 구체적으로는 데이터 수집 소스와 소스별 수집된 데이터 용량이 표시된다. 본 단계인 데이터 수집만으로는 용량 차감에 따른 비용이 청구되지 않는 점을 참고하자. 그리고 수집 완료된 리스트는 30일간 보관 후 삭제되므로 수집 후 30일 이후에는 별도로 수집 결과물을 저장하도록 한다.

[그림 4-12] 데이터 미리보기 창

정제/형태소 분석

정제/형태소 분석은 수집된 빅데이터를 분석 단위로 정제하는 작업으로, 데이터 수집 후 필수로 진행해야 하는 과정이다. 정제/형태소 분석 단계에서는 다양한 옵션을 지정할 수 있다.

정제/형태소 분석 과정에서 가장 먼저 선택하는 것은 정제 방법이다. 데이터 정제 옵션으로는 분리 정제, 중복 제거, 필터링, 윈도우 사이즈를 선택할 수 있다.

[그림 4-13] 정제 방법의 선택

① **직접 선택**: 이용자가 원하는 정제/형태소 분석 옵션을 선택하여 세밀한 정제가 가능하다
② **자동 정제**: 텍스톰에서 기본적으로 제공하는 옵션으로 쉽고 빠르게 데이터 정제가 가능하다
③ **선택 안함**: 이미 정제 완료된 데이터를 분석하고자 할 때 사용하는 기능으로, 별도의 정제/형태소 분석 없이 결과를 보여준다

■ **분리 정제**

수집한 문서의 제목과 본문을 분리하여 분석할지 아니면 통합하여 분석할지 여부를 결정한다. 일반적으로 제목은 본문의 핵심 키워드를 이미 반영하므로 중복 수집이 될 가능성이 있으며, 분석자의 판단에 따라 포함하거나 제거될 수 있다. 수집된 원문 데이터는 채널별로 차이는 있지만, 문서의 제목과 본문 텍스트, URL을 공통적으로 수집한다.

[그림 4-14] 분리 정제의 방식

■ **키워드 필터링**

키워드 필터링은 특정 키워드가 포함된 문서를 제거하거나 추출하는 기능이다.

[그림 4-15] 키워드 필터링의 선택

예를 들어 '텍스톰'을 키워드로 데이터 수집을 했는데, 텍스톰에 관련 없는 다른 빅데이터 분석 프로그램에 대한 정보가 나오는 경우가 많다. 그 결과 연구자 본인이 중요하게 보고자 하는 텍스톰 키워드가 밑으로 밀려있다면, 키워드 필터링에서 텍스트 필터를 **포함**으로 설정하고 '텍스톰'을 입력하며 해당 키워드가

포함된 문서만 걸러낸다. **제외**는 포함의 반대 개념으로, 제외를 선택한 후 키워드 입력란에 '소비자'를 입력하면 주요 키워드로 추출된 문서에서 '소비자'가 포함된 문서는 모두 삭제된다.

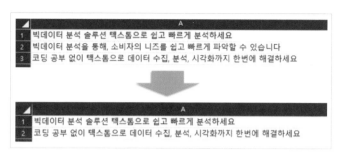

[그림 4-16] 필터링 결과

■ **중복 제거**

수집 데이터에서 중복되는 문서를 제거할 수 있다. 중복 제거의 기준은 URL 또는 내용을 기준으로 설정할 수 있다. 예를 들어 최근 신문 기사 등은 로봇 저널리즘이나 기업측이 제공하는 보도자료 배포의 영향으로 동일한 기사가 많은 언론사에서 의미 없이 반복되는 경우가 많다. 이런 경우 '내용 기반'으로 제거한 후 수집하는 것이 더 효과적일 수 있다.

[그림 4-17] 중복 콘텐츠 제거의 선택

① **제목 기반**: 문서의 제목이 완전히 일치될 때 중복되는 데이터를 제거한다
② **내용 기반**: 문서의 내용이 완전히 100% 일치한 문서가 1건 이상인 경우 1건을 제외하고 나머지 문서는 삭제한다
③ **URL 기반**: 수집된 데이터에서 동일한 URL 주소가 1건 이상 발견되는 경우에 1건만을 남겨두고 나머지 중복된 문서는 삭제한다

▪ 윈도우 사이즈

특정 키워드의 앞뒤로 정제할 단어의 개수를 지정한다. 예를 들어 키워드를 '텍스톰'으로 입력하고 사이즈를 '3'으로 지정하면 수집 문서에서 '텍스톰'을 기준으로 앞, 뒤 3개까지의 품사를 정제한다. 정제/형태소 분석에서 선택한 품사(명사, 형용사, 동사, 외국어, 숫자)를 정제하며, 기준이 되는 키워드 간의 거리가 가까워서 윈도우 사이즈에 해당되는 단어가 겹치면, 겹치는 대로 중복으로 계산하여 결과값에 반영된다.

[그림 4-18] 윈도우 사이즈 적용의 예

▪ 형태소 분석기의 선택

정제/형태소 분석 단계의 마지막은 분석 언어와 사용할 형태소 분석기를 선택하는 것이다. 분석 대상 언어는 한국어, 영어, 중국어 중에서 하나 선택할 수 있다. 현재 일반적인 텍스트 분석에서 사용되는 한글 형태소 분석기는 코엔엘파이KoNLPy, 한나눔HanNanum, 메캅MeCab, 꼬꼬마Kkma, 노리Nori, 카이Khaiii, 코모란KOMORAN 등 비교적 다양하다. 텍스톰에서는 창원대에서 개발한 에스프레소 KEspresso K를 선택하거나 메캅-코MeCab-ko를[5] 선택할 수 있다.

---

5 일본어 오픈 소스 형태소 분석 엔진인 MeCab을 사용하여 한국어 형태소 분석을 하기 위해 만든 소프트웨어이다. 말뭉치 학습과 사전목록 일부는 21세기 세종 계획의 성과물을 사용하였다.

[그림 4-19] 형태소 분석기 선택

에스프레소 K와 메캅-코의 분석은 다소 차이가 있다. 다음 원문을 가지고 두 분석기로 분석한 결과를 살펴보자.

원문 단어
총학생회, 글로벌마케팅학회, 인스타그램머블, 소비자태도, 미래성장동력

에스프레소 K로 분석한 결과
총학생회, 글로벌마케팅학회, 인스타그램머블, 소비자태도, 미래성장동력

메캅-코로 분석한 결과
총 학생 회, 글로벌 마케팅 학회, 인스타그램 머블, 소비자 태도, 미래 성장 동력

에스프레소 K는 원문에서 띄어쓰기가 되지 않은 단어는 연속으로 붙은 형태로 나온다. 고유명사, 복합명사에 대해서는 상대적으로 더 좋은 결과값을 보여주지만, 띄어쓰기가 잘 되어있지 않은 문서나 감성 분석과 같이 일반적인 단어들을 분석하는 건 적합하지 않다. 반면에 메캅-코는 원문의 띄어쓰기에 크게 의존하지 않고 사전을 참조하여 어휘를 구분한다. 따라서 국제표준화는 '국제', '표준화'로, '미래성장동력'은 '미래', '성장', '동력'으로 떨어져 나타난다. 띄어쓰기에 크게 의존하지 않고 안정적인 결과값을 보이지만 단체명이나 복합명사에 대해서는 분석 이후 떨어진 단어들을 재검토하여 합칠 필요가 있다. 우선 에스프레소 K를 사용해보고 만족스럽지 않다면 메캅-코를 사용해보자.

사용자 사전 이용하기

텍스톰은 분석 후 재검토 과정에 편리를 주기 위하여 **사용자 사전** 기능을 지원한다. 반복 분석이 필요한 경우 자신만의 사용자 사전을 만들어서 형태소 분석기의 단점을 보완하며 분석하는 것도 가능하다. 소비자 사용을 구축하기 위해서는 사용자 사전을 **사용**으로 선택한 후, 바로 우측에 새로 등장하는 **사용자 사전설정** 메뉴를 클릭한다. 그 다음, 변경 전/후 단어를 지정하여 사전에 등재할 단어를 일일이 입력하거나 미리 준비한 엑셀 파일을 일괄 등록할 수 있다.

[그림 4-20] 사용자 사전 단어 추가

데이터 분석

데이터의 정제 처리 과정이 완료되면 본격적인 데이터 분석이 가능하다. 데이터 분석의 첫 화면에는 수집 정보와 데이터 전처리 내역을 확인할 수 있는 기본 정보가 제시된다. 계획한 대로 수집되었는지 잘 확인해보고 이상이 없다면, 화면 우측 상단에서 분석 대상 데이터를 선택하고, 정제 리스트를 대상으로 **데이터 분석하기** 버튼을 클릭한다. 그 이후 화면 상단에는 **단어 분석 → 매트릭스 → 네트워크 분석 → 감성 분석 → 토픽 분석** 순서로 분석 메뉴를 선택하여 분석을 진행할 수 있다.

[그림 4-21] 데이터 분석 메뉴

텍스트 마이닝

형태소 분석이 완료되면 화면 우측 상단에 생성된 메뉴들을 통하여 원문 데이터
와 정제 데이터 각각을 살펴볼 수 있다. 우선 정제 데이터를 선택하여 '미리보기/
바로 편집하기'를 통해 분석 완료된 결과를 보거나 추가로 정제할 수 있다. 웹상에
서 빠르고 쉽게 단어 편집을 하려면 **미리보기** 기능을, 정제 데이터를 직접 수정하
면서 작업을 하려면 **바로 편집하기** 기능을 사용한다. **바로 편집하기** 기능으로 수
정한 내용은 다시 되돌릴 수 없으므로, 필요 시 백업을 위하여 원문 데이터 및 정
제 데이터를 각각 엑셀이나 텍스트 포맷 형태로 다운로드해 놓기를 권장한다.

정제데이터 (텍스트마이닝)		
데이터명	생성날짜	용량
충북바이오산업	2022-03-03	628 KB
미리보기		바로편집하기

미래 충북 전략 방향 청주 도심 통과 광역철도 건설 추진 충북 국제 자유 도시 조성 바이오 헬스 선도 지역 조성 시스템 반도체 융복 산업 타운 조성 성장 산업 발굴 육성 청주 오송

이날 간담회 기관 주요 업무 계획 공유 정부 예산 확보 신규 사업 발굴 충북 바이오 헬스 산업 발전 방안 등 논의 마련 오송 첨단 의료 산업 진흥 재단 충북 병원 바이오 헬스 산업 혁신 센터 센터

지역 주력 산업 육성 사업 주력 산업 지능 부품 바이오 헬스 수송 기계 소재 부품 증점 육성 충북 이용일 산업 육성 과장 지역 산업 육성 지역 산업 격차 해소 충북 경쟁력

후보 충북 강점 산업 바이오 시스템 반도체 전지 에너지 수소 사업 성장 산업 육성 충북 경제 일자리 문제 산업 육성 해결 공약

[그림 4-22] 데이터 정제 후 결과

분석 결과는 **단어 빈도**, **N-gram**, **TF-IDF**, **연결 중심성**, 개체명 인식 결과를 중심으로 실시간으로 보여준다. 기본적으로는 상위 200개 단어까지만 미리 보여주며, 그 이하 순위까지 포함하여 전체를 보기 위해서는 별도로 다운로드해야 한다.

[그림 4-23] 마이닝 분석 후 결과

 N-gram 모델

텍스트 분석 결과를 도출할 모델로 자주 사용되는 N-gram은 하나의 단어에 이어서 어떤 단어들이 출현하는지 확률적으로 계산한 언어 모델이다. 몇 개의 단어를 연속적으로 분석하는 조건인가의 여부, 즉 단어 수(n)에 따라서 Bi-gram(2개의 연속 단어), Tri-gram(3개의 연속 단어) 등으로 다시 구분된다. 텍스톰의 N-gram 분석에서는 같이 출현하는 단어 조합의 빈도를 보여준다. 예를 들어 김포공항의 비즈니스 센터에 관한 신문 기사를 Bi-gram과 Tri-gram 모델로 분리하면 같이 출현하는 단어들에 대한 빈도를 제공해준다.

모델명	분석 결과
Bi-gram (N=2)	공항(단어 1) + 출발(단어 2) = 389회(빈도) ......
Tri-gram (N=3)	공항(단어 1) + 출장(단어 2) + 출발(단어 3) = 121회(빈도) ......

매트릭스

'미리보기/바로 편집하기'를 통해 매트릭스로 생성할 단어를 선정할 수 있다. 1-Mode 혹은 2-Mode 중에서 선택이 가능하며, 이후 직접 매트릭스의 열과 행을 결정할 단어를 선택해주어야 한다. 선택한 단어 간의 매트릭스 결과가 제시되며, 이 결과물은 추가적인 고차원의 통계 분석을 위하여 사용된다. 분석 결과는 유클리디언 계수, 코사인 계수, 자카드 계수, 상관계수 등으로 결과값을 제공한다.

	충북	산업	바이오
충북	0	0.119661107369	0.00306281805553
산업	0.119661107369	0	0.263709614993
바이오	0.00306281805553	0.263709614993	0

[그림 4-24] 단어 간 상관 매트릭스

네트워크 분석

네트워크 분석은 텍스트 전체에 대한 구조적 기술 통계량을 분석하며, 담론 분석 등을 지원한다. 담론은 한 문서 내에서 동시에 등장(공출현) 하는 단어들이 밀접한 관계를 맺는 정도를 보여주는 분석으로, 상관관계를 이용하여 단어 간의 관계를 파악하고 군집화해준다. 일반적으로 공출현 단어는 서로 밀접한 관계가 있다는 의미이며, 이러한 관계를 중심으로 개별적인 단어들을 그룹핑Grouping하는 것을 의미한다. 담론 분석은 때로는 CONCORCONvergence of iteration CORrelation 분석이라고 부르며, 문서 내에서 공출현하는 단어 사이의 관계를 군집화하고, 단어 간 상관관계를 통해 분석 키워드에 얽힌 주제들을 쉽게 파악할 수 있다. 예를 들어 특정 범죄에 대한 뉴스 기사에서 무죄, 억압 수사 등의 단어들이 자주 같이 나타난다면, 대중들이 이 사건에 대하여 어떤 인식을 가지고 있는지 유추할 수 있을 것이다. 주로 일반 대중들의 생각 즉, 여론에 대한 분석인 오피니언 마이닝 Opinion Mining 등이 필요한 상황에서 유용하게 사용할 수 있다.

공출현 단어들에 대하여 상관관계 분석이 반복적으로 수행되며, 이 과정을 통하여 유사성이 높은 집단을 찾아내게 되는데, 담론 분석에서 사용되는 블록Block

은 구분된 등위성이 높은 집단을 말한다. 노드Node들의 집합에 해당하는 블록들을 파악하고, 이러한 블록 간의 관계도 파악이 가능한 분석 방식이다. 유사도 계산은 상관관계 계수를 이용하여 분석할 수 있다. 바로 전 단계에서 계산한 매트릭스를 사용하며 담론의 개수, 즉 원하는 군집화의 개수를 선택할 수 있다. 개수는 2개, 4개, 8개, 16개 중 선택이 가능하다.

감성 분석

텍스톰의 감성 분석은 크게 두 가지 기능이 있다. 문장의 내용을 긍정/중립/부정으로 구분할 수 있는 **문서 분류**와 원문 데이터에 감성과 관련된 키워드가 몇 번 들어갔는지 알려주는 **감성 어휘 분석**이다.

■ 문서 분류

문서 분류는 머신러닝에 기반한 감성 분석으로, 학습 데이터를 사용하여 긍정/중립/부정 등 감성을 분류하는 기준을 학습한 후 그 기준에 따라 문장의 내용을 긍정/중립/부정으로 분류한다. 여기서 **학습 데이터**는 감성 분석의 기준이 되는 데이터다. 따라서 이를 얼마나 정확하게 만드냐에 따라 분류의 질이 달라질 수 있다. 학습 데이터는 최소 100건에서 최대 1,000건의 데이터로 만드는 것이 적절하며, 긍정/중립/부정의 비율이 비슷할수록 정확한 결과를 얻을 수 있다.

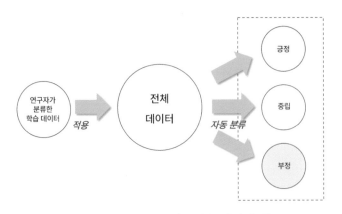

[그림 4-25] 감성의 분류 과정 (이미지 원본 출처: 텍스톰)

학습 데이터를 만드는 방법은 크게 어렵지 않다. 텍스톰의 감성 분석에서 **문서 분류** 메뉴를 메뉴를 선택하면, 화면 중앙에 감성 분석에 필요한 추가 메뉴들이 등장한다. 화면 우측에는 이미 전처리 단계에서 준비된 원문 데이터와 정제 데이터를 다시 선택할 수 있다. 분류를 진행할 정제 데이터를 엑셀로 다운로드하여 열어보자. 엑셀의 첫 열column인 A열에 정제된 데이터가 있을 것이다. 이에 엑셀의 두 번째 열인 B열에 해당 본문에 대한 평가를 직접 입력해주는 라벨링 작업을 진행한다. 즉, 해당 열의 내용에 대하여 분석자가 판단한 **긍정/부정/중립**이라는 세 가지 평가 중 하나를 B열에 입력해준다(원활한 분석을 위해서는 최소 100건에서 최대 1,000건의 데이터를 라벨링하는 편이 좋다). 이후 작성된 엑셀 파일을 학습 데이터와 테스트 데이터로 나눈 후 업로드하면 된다. 보통 전체 데이터 행row 중 80%는 학습 데이터로, 나머지 20%는 테스트 데이터로 나누어서 2개의 엑셀 파일로 준비한다. 그러면 텍스톰은 업로드된 2개의 엑셀 파일을 활용하여 머신러닝 학습을 스스로 진행하고, 테스트 데이터로 검증한 후 감성분석 모델을 구축하게 된다.

- **감성 어휘 분석**

감성어 사전에 기반한 감성 분석으로, 문장 내용 중 감성 관련 단어를 찾은 후 감성어 사전과 비교하여 긍정/부정 단어 빈도를 정량화하고 극성의 범주를 따져 감성을 판단한다.

텍스톰의 감성어 사전

감성 단어 빈도 분석에 쓰이는 감성어 사전은 텍스톰이 자체 제작한 것으로, 다음과 같은 체계로 단어를 분류한다. 크게 긍정 혹은 부정 키워드로 나누며 각 키워드에는 하위 카테고리가 있다. 긍정 키워드에는 흥미/기쁨/호감, 부정 키워드에는 통증/슬픔/분노/두려움/놀람/거부감이라는 단어들이 카테고리화되었다. 그리고 각 카테고리 안에는 그에 해당하는 수많은 감정 표현이 있으며 표현의 강도를 7점 척도로 평가하여 표준화했다. 예를 들어 호감이라는 카테고리에 '행복하다'와 '괜찮다'라는 단어가 있다면 '행복하다'에는 6점, '괜찮다'에는 3점을 주어서 같은 카테고리에 포함되지만 감성 강도는 다르게 측정되도록 사전을 구축하였다.

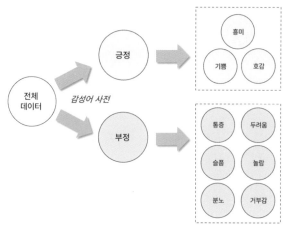

[그림 4-26] 감성 단어의 분류 과정 (이미지 원본 출처: 텍스톰)

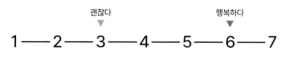

[그림 4-27] 호감 카테고리의 감성 강도 예시

감성 어휘 분석을 위해서는 분석 데이터를 **원문 데이터** 혹은 **정제 데이터** 중에서 선택하고 적용 버튼을 누르는 것만으로도 바로 확인할 수 있다. 보통은 정제 데이터를 선택하게 될 것이다. 그러면 감성 어휘 분석과 관련 시각화 결과를 자동으로 제공해줄 것이다.

또한 감성 어휘 분석은 감성 키워드의 단순 빈도뿐만 아니라 감성 강도와 빈도 비율(%)을 함께 보여주기 때문에 다양한 인사이트를 찾을 수 있다. [그림 4-28]을 보면 '특별하다' 키워드의 빈도는 14건으로, '기대하다' 키워드 35건보다 낮은 빈도를 보여주며, 감성 강도 또한 '특별하다'는 3.77, '기대하다'는 4.66으로 흥미라는 카테고리에서는 '특별하다'가 더 높은 강도를 갖는다는 것을 알 수 있다. 그리고 빈도*감성강도를 보면 '특별하다'는 52, '기대하다'는 163으로, 전체 문장에서 '흥미'라는 감정에 더 많은 영향을 주는 키워드는 '특별하다'라는 것을 알 수 있다.

구분	빈도(건)	감성강도비율(%)	빈도비율(%)
긍정	483 / 621	78.57 / 100.0	77.78 / 100.0
부정	138 / 621	21.43 / 100.0	22.22 / 100.0

긍정 키워드   부정 키워드   세부감성

감정 키워드 클릭 시 해당 키워드가 포함된 원문을 확인할 수 있습니다.

흥미   호감   기쁨

감정분류	빈도(건)	감성강도	빈도 * 감성강도	빈도비율(%)
혁신적	149	3.88889	579.44461	23.99
기대하다	35	4.66667	163.33345	5.64
특별하다	14	3.77778	52.88892	2.25
신비롭다	3	1.7778	5.3334	0.48
입체적이다	1	6.0	6	0.16
인상적이다	1	3.4444	3.4444	0.16
역동적이다	1	3.3333	3.3333	0.16
색다르다	0	4.6667	0	0
역동적이다	0	3.3333	0	0
이국적	0	2.4444	0	0
이색적이다	0	3.6667	0	0
스릴	0	4.4444	0	0

[그림 4-28] 감성 분석 결과의 제시

토픽 분석

토픽 분석을 시행하기 전에 토픽 모델의 개념을 간단히 이해할 필요가 있다. 토픽 모델Topic Model이란 문서 집합의 '주제'를 발견하기 위한 통계적 모델 중 하나로, 문서의 숨은 의미 구조를 발견하기 위해 사용되는 텍스트 마이닝 기법 중 하나이다. 특정 주제에 관한 문서에는 그 주제에 관한 단어가 다른 단어들에 비해 더 자주 등장한다. 예를 들어 '강아지'에 대한 문서에서는 '산책', '개밥' 단어가, '고양이'에 대한 문서에서는 '야옹', '캣타워' 단어가 더 자주 등장한다. 이렇게 함께 자주 등장하는 단어들은 대부분 유사한 의미를 지니게 되는데 이를 잠재적인 주제로 정의할 수 있다. 즉 '산책'과 '개밥'을 하나의 주제로 묶고, '야옹'과 '캣타워'를 또 다른 주제로 묶는 모델을 만드는 것이 토픽 모델의 개략적인 개념이다. 텍스톰이 제공하는 토픽 분석 방법으로는 단어차원 의미 군집화, LDA 토픽 모델링이 있다.

■ **단어차원 의미 군집화**

단어차원 의미 군집화Word-level Semantic Clustering는 문서 내 단어들의 공출현 관계를 토대로 벡터화하여 인접 단어를 같은 그룹으로 묶어주는 알고리즘이다. 단어차원의 의미 군집화 분석을 진행하기 위해서는 **군집 수**와 **군집 안에 들어갈 단어 수**를 지정해야 한다. 텍스톰은 군집 수 10개, 군집별 단어 수 20개를 기본으로 제공하는데, 이는 그룹을 결정하는 기준으로써 10개의 군집을 도출하되 각 군집에 포함되는 단어는 최소 20개가 되어야 한다는 것을 의미한다. 다만 분석 결과에 따라서 결과로 도출된 군집 수가 사용자 지정 군집 수보다 작은 경우도 발생된다.

■ **LDA 토픽 모델링**

LDA 토픽 모델링LDA Topic Modeling은 주어진 문서들을 분석하여 각 문서의 주제를 자동으로 찾아내는 알고리즘으로, 유사한 의미를 지닌 단어를 집단화하여 그에 적합한 주제를 통계적으로 예측한다. 통계적 절차에 관한 자세한 내용은 생략하고, 토픽을 찾아내서 이해하는 과정만 설명한다.

LDA 토픽 모델링을 진행하기 위해서는 **토픽 수**와 **토픽에 들어갈 단어 수**를 결정해야 한다. 기본으로 제공하는 토픽 수는 10개, 단어 수는 20개다.

 무작위 토픽 할당을 위한 랜덤 값 옵션

LDA 토픽 모델링에는 토픽 수와 단어 수를 지정하지 않는 **랜덤 값** 옵션이 있다. 이 옵션은 무작위 토픽 할당을 가능케 한다. 간단히 설명하자면 LDA 모델은 사용자가 토픽 수를 입력하면 전체 문서에 토픽을 무작위로 할당한 후, 토픽의 재할당을 반복 수행하여 문서와 단어의 토픽을 스스로 찾는 자동화 알고리즘이다.

다만 이렇게 무작위 토픽 할당을 진행할 경우 처음 할당한 토픽 수에 따라서 학습 대상이 되는 데이터가 달라진다. 즉, 분석 결과의 재현성이 떨어지기 때문에 같은 데이터로 같은 분석을 진행했더라도 분석의 특성상 결과값은 매번 조금씩 달라질 수 있다.

시각화

분석된 결과는 표나 문자로 보기보다는 시각화 자료로 변환하여 보는 것이 직관적이다. 텍스톰은 다양한 시각화 결과물을 제공하는데 워드 클라우드, 바 차트Bar chart, 에고 네트워크Ego Network, 개체명 인식, LDA, 클러스터링 등이 있다. 그리고 각각의 시각화 결과물은 원하는 그림 파일 포맷으로 전환 후 다운로드하거나 화면 우측 창의 옵션(크기, 색상, 포함되는 단어 수 등)을 설정하여 결과 화면을 커스터마이징Customizing할 수 있다. 다음을 참조하여 시각화 관련 기능을 직접 살펴보자.

지금까지 설명한 과정을 따라와서 진행하였다면, 텍스톰은 이미 적절한 시각화 결과물을 자동으로 제공하고 있을 것이다. 각각의 분석 단계에서 분석이 진행되면, 화면의 우측에서는 다양한 시각화 결과물을 바로 확인할 수 있으며, 메뉴를 골라서 원하는 시각화 결과물을 확인할 수 있다.

[그림 4-29] 시각화 리스트

시각화 결과 메뉴에 선택 가능한 결과물 리스트가 보일 것이다. 이 중 하나를 클릭하면 원하는 분석 결과를 확인할 수 있다. 아래는 다양한 결과물 예시이다. 참고로 시각화 방법 중 빈번하게 쓰이는 것이 워드 클라우드Word Cloud인데, 이는 사람들의 주요한 관심사나 키워드 등을 한눈에 파악할 수 있도록 출현 단어의 빈도수를 단순 카운트하여 시각화하는 방법이다.

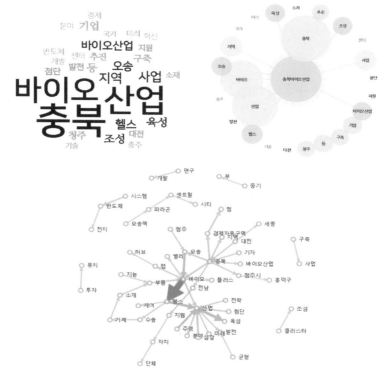

[그림 4-30] 시각화 결과물 – 워드 클라우드, 에고 네트워크, 네트워크

모든 분석에서 시각화 과정이 필수인 것은 아니며, 전 단계의 통계적 분석만으로도 충분히 원하는 결과를 얻을 수 있다. 그러나 빅데이터의 특성상 분석 결과역시 방대하고 복잡한 것이 일반적이다. 이를 조직 내 의사결정자에게 요약하여 빠르게 전달하고 임팩트를 강조하기 위해서는 시각화 과정이 큰 도움이 된다. 시각화를 통하여 빅데이터 분석의 결과물은 정보로 변환되는 것이다.

Chapter 05

이메일 캠페인 자동화

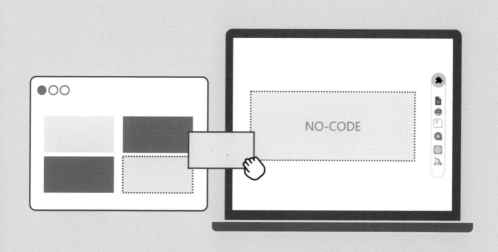

이메일은 누구나 메일 클라이언트나 메일 서비스를 통하여 손쉽게 보낼 수 있는 일 상화된 작업이라서 이메일 마케팅의 자동화가 필요한지 다소 의문이 들 수도 모르겠다. 하지만 이메일은 다양한 마케팅 수단 중 투자 대비 성과ROI가 가장 높으며, 모바일 인터넷 시대의 도래에 따라 개인화된 커뮤니케이션 수단의 하나로써 다시 각광을 받고 있다. 누구든 자신만의 스마트폰이나 노트북을 가지고 다니며 이메일과 메시지를 수시로 확인할 수 있기에 이메일은 효과적인 정보 제공 가치 수단으로 부상하고 있다.

그런데 단순히 간헐적으로 보내는 개인적 이메일이 아니라 수백 명 혹은 그 이상의 사람들에게 주기적으로 상업적 메시지를 발송해야 하는 상업적인 마케팅 캠페인이라면 큰 수고와 노력이 들어갈 수밖에 없다. 따라서 이번 챕터에서는 대규모 이메일을 개인화하고, 자동으로 발송하고, 캠페인 성과를 측정할 수 있는 자동화 도구인 스티비Stibee를 활용하여 새로운 기술을 배워본다.

5.0 어떤 상황에서 사용될까?

사례 | 변압기 생산 기업 마케팅 담당자의 고민

국내에서 변압기를 생산하는 A 기업은 제품 특성상 잠재적인 구매자나 관련 시장이 매우 제한적이다. 변압기는 보통 한국전력이나 철도 사업을 진행하는 일부 공공기관, 혹은 건설사에서 시행하는 토목이나 건축 사업의 일환으로 구매되는 전형적인 B2B 사업이기 때문이다. 다른 소비재 상품과 다르게 잠재적 구매자 집단은 매우 한정적이며, 구매를 희망하는 고객 집단이 누구인지 사전에 확인하는 것은 어려운 일이 아니다. A 기업은 오래전부터 거래를 해왔던 몇몇 주요 거래처를 대상으로 꾸준하게 관계를 유지하고 납품을 하며 사업을 영위했지만, 아직까지 본격적인 마케팅이라고 할만한 것을 시도해본 적은 없었다.

그러나 최근에 건설 경기가 위축되고 있다는 느낌이 들면서, 본격적으로 신규 고객도 발굴하고 새로운 시장도 개척하려고 한다. 중국에서 들어오는 값싼 경쟁 제품에 고객이 줄어들고 있는 것 같았다. 이를 대비하기 위하여 풍족하지는 않지만 과거보다 더 많은 마케팅 예산도 확보한 상태이다. 그런데 당장 마케팅을 하려니 어떤 마케팅을 하는 게 좋을지 잘 감이 오지 않는다. 전자제품을 판매하는 B사의 지인에게 물어보니 B사는 네이버를 이용해서 키워드 광고를 주로 실행하고 브랜드 광고는 TV 광고를 통해서 진행한다고 한다. 화장품을 주로 판매하는 C사의 담당자는 인플루언서를 활용한 페이스북과 인스타그램을 활용하여 콘텐츠 마케팅을 주로 진행한다고 이야기한다.

네이버 광고나 인스타그램 콘텐츠 마케팅이 요즘 대세라는 것은 A사 마케팅 담당자 역시 익히 들어본 적이 있다. 그러면 우리도 이렇게 따라하면 문제가 없을까? 왠지 자신이 없다. 정리된 엑셀 시트 한 장이면 어차피 국내외 주요 고객이 누군지, 그들의 이메일과 연락처는 무엇인지 바로 알 수 있을 정도의 시장인데 굳이 비싼 비용을 들여 포털을 통해서 광고를 하는 것이 맞을까? 주 고객인 40~50대 건설업체 담당자 얼굴을 떠올려봐도 인스타그램을 할 것 같지는 않은 사람들이다.

차라리 네이버 광고비를 쓰느니, 몇 명 안 되는 고객들을 회사에 불러서 제품 개발실도 보여주고 이번에 신제품으로 나올 변압기도 미리 소개해주고, 최신 기술 트렌드에 대한 세미나 등을 열어 주는 것처럼 고객관계 강화 활동이 더 낫지 않을까 생각이 들었다. CRM이 별것인가? 마케팅 예산을 핵심 고객들에게 집중해서 끈질기게 관계를 만들어간다면 이를 바탕으로 계약을 따내는 것 역시 어렵지 않을 것 같다. 이제 고객들에게 이메일이나 전화를 돌리기만 하면 바로 마케팅 시작이다.

그런데 이런 기대와 달리 예상치 못한 장애물이 등장했다. 오랫동안 사업을 해온 것이 무색하게 제대로 정리된 고객 명단이나 연락처를 갖추지 못하였다. 특히 기존의 고객이 아닌 새로운 고객을 발굴해야 하는데 이들의 연락처를 어떻게 확보할 수 있을지 묘안이 떠오르지 않는다. 그리고 설사 연락처를 얻었다고 하더라도 이메일은 어떻게 보내야 할까? 그냥 친구나 사내 부서원들에게 보내듯 이메일을 보내면 되는 것인지 가늠이 안 된다.

5.1 필요성

고객 데이터 기반의 B2B 마케팅은 문자나 이메일 같은 고객과의 접촉 수단을 대상으로 문자나 사진, 동영상 등 고객 맞춤형 커뮤니케이션을 가능케 하여 비용 효율성Cost-effectiveness이 매우 높은 마케팅 수단이다. 데이터베이스 마케팅에서 자주 사용되는 이메일은 다른 어떤 커뮤니케이션 수단보다 빠르고 효율적으로 수천 명 이상의 고객에게도 동시다발적으로 맞춤화된 메시지를 전달할 수 있음에도 불구하고, 실제 투입되는 비용은 거의 들지 않는다. 또한 네이버 키워드 광고나 구글 배너 광고 같은 잘 알려진 온라인 광고 수단들이 고객에게 전달되기 위해서는 고객의 선택을 기다려야 하는 수동적 마케팅인 점에 비하여 기업이 먼저 적극적으로 고객에게 다가가서 마케팅 활동을 전개할 수 있는 능동적인 마케팅이다. 이런 적극적이고 선도적인 마케팅 노력은 고객과 시장을 직접 개척해나간다는 점에서도 매출 증대와 같은 직접적 성과 창출 노력과 잘 부합한다.

이메일은 비즈니스를 하는 사람 누구나 하나 이상은 가지고 있다는 점도 큰 장점이다. 전 세계의 이메일 이용자는 이미 40억 명 이상에 달하며, 인터넷 이용 환경이 갖춰진 모든 국가, 지역에서 이용 중이다. 그리고 대부분의 사람들은 더 이상 TV 뉴스나 조간 신문을 열어보면서 하루를 시작하는 것이 아니라 아침 첫 일과를 이메일 수신함 목록을 열어보는 것으로 시작하고 있다. 더욱이, 자택 주소나 전화번호 같은 개인적 정보를 수집하는 것은 대부분의 사람들이 거부감을 느끼기 때문에 어려운 일인 것에 비하여, 이메일 정보는 비교적 거부감 없이 손쉽게 제공해주고 있다.

또한 비용 대비 효과성 측면에서도 다른 마케팅 수단들을 아주 가볍게 압도한다. 2019년 미국 다이렉트 마케팅 연합회DMA: Direct Marketing Association가 마케팅 도구들의 투자 대비 수익성을 조사한 결과에 의하면, 이메일 마케팅을 위하여 1달러를 사용하였을 경우 44달러의 기대 수익을 갖는다고 한다. 이는 투자수익률ROI이 4,400%에 달하는 놀라운 가성비 수단이다. 이제 그로스 해킹이 일반화되고, 온라인과 오프라인 모두 극심한 경쟁으로 원하는 수준의 퍼포먼스를 달성하기 어려운 상황임을 고려하면 이는 초가성비 수단이다. 그리고 다른 마케팅 수단과 다르게 초기에 큰 투자나 훈련된 고급 인력의 투입이 상대적으로 덜 필요한 점도 장점이다. 누구나 할 수 있다는 것은 큰 매력이다.

이처럼 이메일을 활용한 데이터베이스 마케팅에 관심을 기울여야 하는 많은 이유가 있지만, 그중에서도 가장 큰 이유는 이메일 마케팅은 마케팅 자동화가 가능하다는 점이다. 만일 기업에게 충분한 인력과 시간이 있다면 커뮤니케이션 메시지를 고객 개개인의 욕구에 맞도록 최적화하여 발송할 수 있을 것이고, 마케팅 효과 역시 극대화될 것이다. 그러나 기존의 웹사이트나 페이스북 같은 소셜 미디어의 콘텐츠를 고객 개개인에 맞춤화한다는 것은 사실상 불가능하다.

이들은 온라인 시대의 매스 미디어처럼 수많은 방문객이 같이 소비하는 콘텐츠이기 때문이다. 하나의 타임라인 콘텐츠를 수많은 사람들이 같이 본다.

그러나 이메일은 간단한 작업만으로도 개인화, 맞춤화하는 것이 가능하다. 이메일 제목이나 내용에서 고객의 이름을 불러주는 것만으로도 친근감을 줄 수 있고, 더 나아가서는 과거 이메일을 주고받은 히스토리를 바탕으로 매번 더 나은 제안을 하는 것도 가능하다. 즉, 이메일로 가능한 자동화 마케팅은 시나리오에 따라 자동화된 콘텐츠를 적합한 타겟 고객을 대상으로 적절한 시점과 상황에 맞추어 자동적으로 발송하는 것이다. 시나리오에 따라서 가입을 환영하는 웰컴 이메일, 영수증의 자동 발송, 구매 후 감사 인사, 탈퇴 후 가입 재권유 등 필요한 이메일을 사전에 정의한 바에 따라서 자동으로 발송할 수 있다. 이런 자동화 이메일은 드립 캠페인Drip campaign이라고도 하는데, 마치 열어놓은 수도꼭지에서 물방울이 뚝뚝 끊임없이 떨어지듯 지속적인 마케팅 활동이 자동으로 진행된다는 의미이다.

이메일 자동화 마케팅은 다양한 영역에서 불필요한 업무를 줄여 생산성을 올리고 마케팅 성과를 개선한다. 예를 들어 회원 가입 시 사무적으로 발송해야 하지만 잊어버리거나 다른 업무 사정으로 지연되기 쉬운 감사 메일이나 환영 메일은 인간이 매번 개입하고 발송에 신경을 쓰기보다는 자동화하는 것이 더 정확하다. 또한 온라인 구매 완료 시 보내는 구매 내역과 영수증도 자동화하는 편이 더 효율적이다. 이외에도 자동화는 판촉에서도 빛을 발한다. 신상품 목록을 소개하는 전자 카탈로그를 발송하였지만 며칠이 지나도 메일을 개봉하지 않은 고객이 있다면, 이들에게만 반복적으로 동일한 메일을 발송하는 리마케팅 노력도 필요하다. 이런 경우 할인 쿠폰이나 경품 등 추가적인 마케팅 제안을 할 수 있다면 전환 성과는 증가할 것이다. 이처럼 이메일을 통한 마케팅 자동화는 고객 여정에서 만날 수 있는 다양한 시나리오에 따라서 맞춤형 메시지를 마케팅 목표가 달성될 때까지 진행할 수 있다.

5.2 알아두면 좋은 지식

고객 정보와 리드 확보

데이터베이스 마케팅을 시작할 때, 대부분이 겪는 가장 큰 어려움은 이메일 마케팅을 하기에 충분할 정도의 고객 데이터가 미처 축적되지 못한 경우이다. 고객 정보가 충분히 모여야 이메일 마케팅의 초기 진입 비용을 결정할 수 있다. 자동화된 이메일 마케팅을 진행하기에 앞서 필요한 고객 정보를 수집하기 위한 노력이 필요하다. 이메일을 포함한 고객 정보의 수집을 위한 방법은 다양하다. 가장 쉽게 생각할 수 있는 방법은 브랜드나 기업을 홍보하기 위한 웹사이트를 구축하고 회원 가입을 유도하는 것이다. 회원 가입을 유도하기 위해서는 단지 온라인 채널을 구축하는 것 이상의 노력이 필요하다. 최근에는 기술 문서의 무료 다운로드, 공개된 웨비나Webinar 개최, 고객 반응에 따른 사은품 제공, 온라인 설문 조사 요청 등을 홈페이지에서 진행하는 방식으로 개인 정보를 수집하고 있다. 이는 고객 퍼널Funnel 마케팅과도 관련이 있다. 대부분 퍼널의 입구에 정착한 고객들은 이탈하기 쉬운 고객들이며, 이들에게 구매나 최종적인 전환 활동 등 부담되는 행동을 요구한다면, 대부분 빠르게 이탈할 것이다. 퍼널 초입의 고객들에게는 향후 다시 만날 수 있는 수단, 즉 이메일 등 컨택트 수단을 확보하는 것이 사실상 최선의 목적이 되어야 하며, 이 때문에 자신의 이메일 주소를 제공하는 대가로 고객들에게는 무료 공개 강의나 자료 제공과 같은 작은 선물이 주어지는 것이다. 즉, 리드lead 고객을 만들어야 한다.

할 수만 있다면, 고객 이메일 정보 수집을 위해서는 온라인뿐만 아니라 오프라인 채널도 병행하여 이용하는 것이 효과적이다. 전통적인 명함 수집 이벤트도 도움이 되지만, 매장 내 POP 광고나 QR 코드 이벤트 등을 통하여 이메일, 연락처 등 개인 정보를 수집하기도 한다. 만일 비교적 고객 구매결정자의 수가 한정적인 B2B 마케팅을 진행하는 기업이라면 각종 산업 전시회 등을 통하여 잠재 고객을 직접 접촉하고 수집하는 것도 효과적인 방안이 될 것이다.

퍼미션 마케팅

그러나 단지 이메일 등 연락처를 수집하는 것 이외에 추가로 고객의 마케팅 정보 활용에 대한 사전 동의, 즉 퍼미션Permission을 얻는 과정이 필요하다. 개인정보 보호법 등 관계 법령에 의하여 퍼미션을 얻지 못한 고객 정보는 마케팅에 활용할 수 없다. 고객의 동의를 얻는 퍼미션의 방법은 옵트인Opt-in, 옵트아웃Opt-out, 캡차 방식Opt-in with CAPTCHA 등 다양하다.

옵트인

수신자가 회원 가입이나 구독 양식을 통하여 사전에 퍼미션을 허가한 경우이다. 옵트인은 적합한 퍼미션을 받았는지를 재검증하기 위하여 이후 고객이 스스로 자신의 정보를 점검하거나 입력한 이메일에 회신할 것을 요청 받는 등 확인 절차가 추가되기도 한다.

옵트아웃

사전에 고객의 동의나 허락을 구하지 않고 구매 기록이나 기타 다른 방법으로 확보한 고객 리스트를 이용하여 일방적으로 발신한다. 이후 고객이 더 이상 수신을 원하지 않을 때는 고객이 직접 해지하거나 거부 의사를 표시하여야 한다. 이 방법을 이용할 경우 퍼미션을 사전에 얻지 않는 이유로 문제가 발생할 수 있다.

캡차 옵트인

가장 불친절하지만 가장 엄정하게 이루어지는 퍼미션 과정의 하나이며, 캡차 Captcha: Completely Automated Public Turing Test to Tell Computer and Human Apart라는 검증 도구를 이용하여 추가 검증한다. 보통 캡차 수준에 따라 높은 보안성을 제공한다. 최근에는 웹사이트나 서비스에 인간이 아닌 프로그램이나 웹봇이 인간 사용자를 가장하여 가입을 시도하는 경우가 종종 있는데, 캡차는 이메일 사용에 동의하는 온라인 사용자가 웹봇이나 프로그램이 아닌 실제 사람인지 확인하기 위한 절차를 의미한다. 일종의 자동화된 튜링 테스트Turing test로 이해할 수 있다.

5.3 금손 도구 소개

이메일 캠페인 자동화를 위해서 다양한 서비스들이 존재하지만, 보통 메일침프 MailChimp나 스티비Stibee 같은 서비스들이 좋은 선택 대안이 된다.

메일침프

메일침프는 이메일 마케팅에 사용되는 세계 최고 수준의 서비스들 중의 하나이며, 이메일과 온라인 마케팅을 도와주는 다양한 기능을 갖추고 있다. 메일 자동화뿐만 아니라 메일 메시지 작성에 필요한 템플릿 제공, 마케팅용 랜딩 페이지 제작 등 기능이 다양하다. 무료 이용이 가능한 무료 요금제에서 월 350$를 지불해야 하는 프리미엄 요금제까지 다양한 요금 제도가 있으며, 요금제에 따라 관리 가능한 데이터베이스의 용량이나 제공하는 부가적 기능에 차이가 있다.

메일침프에서는 무료 요금제를 이용할 경우 월 최대 2,500통의 메일 발송이 가능하지만, 이메일 자동화나 A/B 테스트 등을 위해서는 요금제 업그레이드가 필요하다. 메뉴나 서비스의 한글화는 아직 지원하지 않아서 영어 환경에서 사용해야 하는 것은 단점이지만 메일 메시지 작성, 데이터베이스 관리 등 실제 콘텐츠 작성이나 발송 서비스 이용에 필요한 내용은 한글을 사용할 수 있으므로 서비스 이용에 큰 지장을 주지는 않는다.

스티비

스티비는 국내 기업이 개발한 서비스로, 국내 마케팅 환경에 친화적이고 메일침프에 비하여 저렴한 요금으로 이용할 수 있다. 무료 요금제를 선택할 경우 발송 가능한 이메일 주소는 최대 500명으로 제한되지만 반응형 템플릿 사용, 구독 폼 제공, 그리고 A/B 테스트까지도 이용이 가능하다. 반면에 유료 요금제를 선택하면 메일 머지Mail merge 등 추가 서비스를 이용할 수 있다.

둘 중 어느 서비스를 이용하든 이용 방법과 기능은 유사하므로 큰 차이는 없다.

굳이 비교하자면 메일침프는 글로벌 표준에 가까우며 단순한 이메일 마케팅을 넘어 온라인 마케팅 종합 플랫폼을 지향하고 있어서 더 많은 기능을 사용할 수 있을 것이다. 반면에 스티비는 보다 한국 소비자 취향에 적합한 템플릿을 제공하고 있으며, 메일 솔루션을 집중하고 있다. 메뉴나 이메일 템플릿의 한글 지원 등 편리성에도 이점이 있다. 본 사례에서는 사용자 편의성을 고려하여 한글화된 서비스인 스티비를 이용하고자 한다.

5.4   이메일 캠페인 자동화 실습 – 스티비

서비스 가입

스티비는 앞서 살펴본 텍스톰과 마찬가지로 별도의 애플리케이션 설치 없이 완전한 웹 서비스로 제공된다. 따라서 서비스 이용을 위해서는 웹사이트 접속 및 가입이 필요하다. 웹사이트(www.stibee.com)에 접속한 후 화면 우측 상단의 **지금 시작하기** 버튼을 클릭하여 회원 가입을 진행한다. 복잡한 가입 절차 없이 업무용 이메일 주소, 이름, 비밀번호의 입력 후 바로 가입이 가능하며, 가입 시 사용한 이메일 주소가 적합한지 확인하는 이메일에 회신 형태로 추가 확인을 하여야 한다. 이용 약관 동의 및 본인 명의의 휴대폰 인증 절차가 제시되며, 뉴스레터 수신 여부, 업종, 종사원 수, 사용 목적 등 간단한 서베이에 응답한 후 인증 메일을 수신하면 최종적으로 가입이 완료된다. 이후에는 가입 시 사용한 이메일 주소와 암호를 가지고 로그인하여 사용한다.

[그림 5-1] 스티비 홈페이지 화면

주소록 사용하기

이메일 마케팅을 진행하기 위해 가장 먼저 할 것은 발송 대상의 이메일 주소를 확보하는 일이다. 확보된 고객의 이메일로 메시지를 발송하여 커뮤니케이션을 진행하고 관련된 성과를 확인하기 위해서이다. (참고로 스티비는 고객 주소록의 건수 증감에 따라 요금 체계가 변경되는 변동 요금제를 운영하고 있다.)

주소록 추가하기

스티비에 로그인한 후 화면 좌측 상단의 메뉴에서 **주소록**을 선택한다. 그러면 사용자가 생성한 주소록을 리스트로 보여주는데, 이미 만든 것이 있다면 그 주소록을 선택하여 주소록 설정을 수정하거나 새로운 구독자 정보를 추가할 수 있다. 새 주소록을 작성하기 위해서는 화면 우측 상단의 **+ 새로 만들기** 버튼을 클릭한다.

신규 주소록을 작성할 때는 일반 주소록과 유료 구독 주소록 중 하나를 선택하여야 한다. **일반 주소록**은 구독자의 이메일 주소와 정보를 직접 입력할 수 있다. 명함으로 수집한 개인 정보를 메일 주소록에 추가한다거나 텍스트 파일이나 엑셀 파일에 저장된 구독자 명단을 주소록에 일괄적으로 추가하려는 경우에는 이 방식이 적합하다. 반면에 **유료 구독 주소록**은 유료로 뉴스레터를 발행하는 경우에 활용할 수 있으며, 스티비가 제공하는 구독 폼을 활용하여 회원을 모집하고 뉴스레터 구독료의 결제까지 진행될 수 있도록 지원해준다.

[그림 5-2] 주소록 작성의 선택

우선 가장 보편적으로 사용되는 일반 주소록을 선택하여 구독자 명단을 추가해 보자. 일반 주소록을 새로 만들면 새로운 주소록의 상세 정보를 만드는 페이지로 이동된다. 주소록 이름, 기본 발신자 이름, 발신자 이메일 주소, 그리고 이메일의 하단 정보인 푸터Footer를 입력할 수 있다.

[그림 5-3] 주소록 저장 양식

영리 목적으로 발송되는 광고성 정보를 송부할 때 정보통신망법에 따라서 회사명 혹은 발신인 이름, 주소, 전화번호를 이메일 본문 중 표시해야만 하는데, 푸터 추가 시 이런 정보들이 자동으로 메시지 본문의 말미에 추가된다. 또한 하드 바운스Hard bounce 메일의 자동 삭제 여부를 설정할 수 있다. 보통 소프트 바운스Soft bounce는 인터넷 끊김이나 다른 일시적 이유로 이메일이 잠시 전달되지 않는 경우이며 대부분 반복 전송을 시도해보면 수신에 성공한다. 반면 하드 바운스는 이메일을 영구적으로 전달할 수 없거나 더 이상 이메일 주소가 유효하지 않은 경우이며, 적절한 지표 관리와 데이터베이스 품질 제고를 위하여 하드 바운스는 확인되는 대로 삭제하는 것이 바람직하다. 주소록 이름과 푸터 등 모든 정보를 입력하고 **저장하기**를 누르면 새로운 주소록이 하나 생성된다.

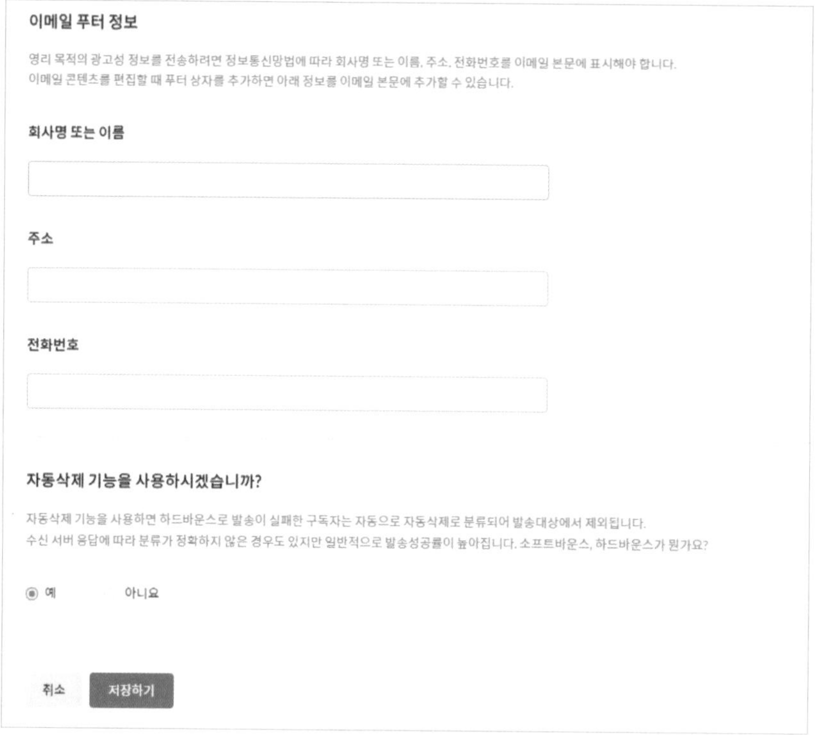

이메일 푸터 정보

영리 목적의 광고성 정보를 전송하려면 정보통신망법에 따라 회사명 또는 이름, 주소, 전화번호를 이메일 본문에 표시해야 합니다.
이메일 콘텐츠를 편집할 때 푸터 상자를 추가하면 아래 정보를 이메일 본문에 추가할 수 있습니다.

회사명 또는 이름

주소

전화번호

자동삭제 기능을 사용하시겠습니까?

자동삭제 기능을 사용하면 하드바운스로 발송이 실패한 구독자는 자동으로 자동삭제로 분류되어 발송대상에서 제외됩니다.
수신 서버 응답에 따라 분류가 정확하지 않은 경우도 있지만 일반적으로 발송성공률이 높아집니다. 소프트바운스, 하드바운스가 뭔가요?

◉ 예   아니요

취소   저장하기

[그림 5-4] 푸터 정보의 입력

주소록에 구독자 추가하기

방금 만든 주소록은 아직 아무런 구독자 정보가 없는 상태라 빈 껍질에 불과하다. 주소록에 구독자와 그들의 이메일 정보를 채워 넣어보자.

새 주소록 생성을 완료하면 구독자 목록 화면으로 진입하게 된다. 이 화면의 상단 메뉴 바를 보면 향후 진행되어야 하는 단계들이 표시되어 있다. 대시보드, 구독자 목록, 그룹, 사용자 정의 필드, 구독 화면, 웹훅Webhook의 순서로 구성되어 있다. 그리고 하단을 보면 구독자를 추가를 위한 기능이 두 가지 있다. **직접 추가하기**를 클릭하면 구독자 한 명 한 명의 정보를 입력할 수 있고 **파일로 추가하기**를 클릭하면 구독자들의 정보를 일괄로 추가할 수 있다.

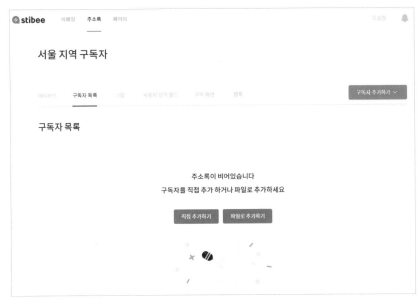

[그림 5-5] 주소록 구독자 추가 방식

 파일로 추가하는 기능은 CSV 포맷만 가능

현재 '파일로 추가하기'는 CSVcomma seperated values 포맷의 파일만 가능하다. 엑셀이나 워드 등으로 정리된 자료가 있다면 해당 프로그램의 '다른 이름으로 저장하기' 메뉴를 이용해 기존 파일을 CSV 포맷으로 전환한 후 불러오도록 한다.

보통 편의상 파일의 첫 줄은 전화번호 등 데이터가 아니라 변수명이 들어있다. 각 칼럼(열)에 어떤 정보가 들어있는지 설명하기 위해서이다. 만일 준비된 데이터가 이런 경우라면 '첫 번째 행 제외하기'를 선택한다. 그리고 해당 칼럼이 어떤 정보인지는 드롭다운 박스를 선택하여 필드 값을 설정해주는 작업이 필요하다.

일단 구독자를 직접 추가한다고 가정하고 **직접 추가하기**를 클릭하겠다. 구독자 직접 추가 시 화면은 기본적으로 3가지 필드 값(이메일 주소, 이름, 광고성 정보 수신 동의)을 제공한다. 만일 기본 필드명 외에 추가로 필요한 필드명(직장명, 팩스 번호 등)이 있다면 **사용자 정의 필드** 메뉴를 통하여 추가할 수 있다.

[그림 5-6] 주소록 직접 추가하기

 사용자 정의 필드 추가하기

스티비의 **주소록** 화면에서 **사용자 정의 필드**를 선택 후 **+ 필드 추가하기** 버튼을 클릭하면 새로운 사용자 정의 필드를 만들 수 있는 팝업 창이 나온다. 사용자 정의 필드 추가를 위한 옵션은 아래 정리하니 참조하길 바란다.

[그림 5-7] 주소록 필드 항목의 추가

① **필드 이름**: 사용자 정의 필드를 구분하기 위한 이름으로, 해당 칼럼의 데이터를 잘 설명할 수 있는 명칭을 부여한다.

② **키**: 필드 이름을 API로 전송할 때 사용하는 값으로 영문자로 지정한다.

③ **메일 머지**: 메일 머지 기본값은 이름 개인 정보가 없을 때 대신 넣을 수 있는 값이다. 예를 들어 성함(홍길동) 정보가 있는 경우에는 메일 머지를 통하여 '홍길동 님'처럼 메일 발신이 가능하지만, 만일 성함 필드에 고객 정보가 누락되어 있다면 기본값으로 지정한 정보로 대신 발송된다. 기본값이 '고객님'이라면 누락된 이름 대신 해당되는 기본값이 적용된다.

④ **필수 입력 체크 박스**: 체크 박스를 선택한 경우에는 향후에 구독 폼에서 해당 필드를 필수로 입력받을 수 있다.

완성된 사용자 정의 필드는 기존 필드와 함께 관리할 수 있으며, 해당 필드의 우측 끝에 있는 아이콘을 클릭하여 수정 혹은 삭제가 가능하다.

필드 이름	키	메일머지 기본값 ❶	유형	필수 입력 ❶		
이메일 주소	email		텍스트	필수		
이름	name		텍스트		✎	🗑
테스트	test		텍스트		✎	🗑

[그림 5-8] 주소록 사용자 정의 필드 지정

그룹을 이용한 구독자 관리하기

추가된 구독자는 화면 상단의 **그룹** 메뉴를 선택하여 그룹으로 구분할 수 있다. 수백 명 이상의 구독자 규모를 가지고 있다면 이들의 정보(성별, 직업 등)를 토대로 그룹화하여 효과적으로 관리할 수 있다. 예를 들어 남성을 위한 헬스 운동기구를 광고한다면 남성 구독자 그룹에 이메일을 발송하면 된다. 반면에 그룹 구분이 없어 여성 집단에게도 동일한 메일이 발송된다면 스팸처럼 느껴질 것이다.

먼저 그룹을 만들어 관리할 구독자를 설정해보자. **그룹** 화면 좌측의 **+ 새로 만들기** 버튼을 클릭 후 그룹명을 입력하여 새 그룹을 만든다.

[그림 5-9] 구독자 그룹 만들기

생성된 그룹을 클릭하면 구독자 목록이 나오며 구독자를 그룹으로 관리하거나 추가하는 기능이 보인다. 새로운 그룹을 만든 후 신규 구독자를 추가하면서 그룹을 지정하여 저장할 수도 있고, 이미 만든 그룹에 기존 구독자를 추가할 수도 있다. 두 방법을 하나씩 소개하겠다.

그룹에 새로운 구독자를 추가하려면 **+ 구독자 추가하기**를 클릭하고 주소록에 구독자를 추가한 것과 같은 방법대로 하면 된다. 한편, 기존 구독자를 그룹으로 추가하려면 구독자 목록에서 구독자 리스트를 체크한 후 **상태 변경하기 → 그룹 설정하기**를 클릭한다. 설정할 그룹을 선택하고 **설정하기**를 클릭하면 해당 그룹으로 추가된다.

[그림 5-10] 구독자 그룹 수동 지정

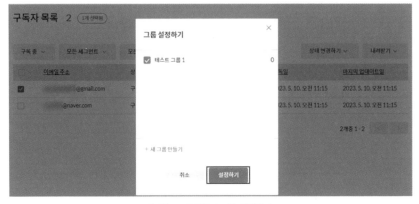

[그림 5-11] 구독자 그룹 설정하기

신규 구독자 유입에 유용한 구독 폼

화면 상단의 **구독 화면** 메뉴로 들어가면 **구독 폼** 기능을 활용할 수 있다. 이 기능은 구독자가 자신의 이메일과 정보를 입력하여 직접 구독 신청을 할 수 있도록 제공한다. 구독 폼을 이용해 구독 신청을 하면 구독자의 정보가 주소록으로 자동 등록되므로 구독자 데이터베이스를 구축하기 좋다. 정기적으로 뉴스레터를 발송하거나 콘텐츠를 활용하여 신규 가입자를 유입할 때 활용하면 유용하다. 구독 폼의 옵션으로는 URL을 통한 구독 폼으로의 접근을 돕는 '구독 폼 URL', 옵트인 퍼미션 기능을 하는 '구독 확인 이메일', 그리고 '구독 정보 변경'과 '수신 거부'가 있다.

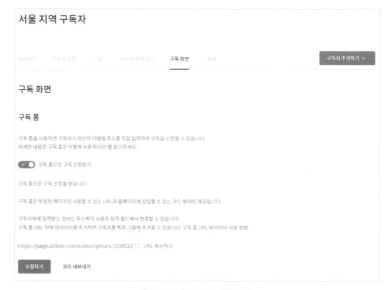

[그림 5-12] 구독 폼 활용하기

구독자의 활동 확인하기

마지막으로 주소록의 **웹훅**Webhook은 주소록에서 특정 이벤트가 발생하였을 경우 발신자 기업의 서버로 알림을 보내주는 기능이다. 쉽게 말하자면 구독자의 활동(이벤트)을 감지하고 사용자(관리자)에게 보고해주며, 구독과 수신 거부 여부와 관련된 이벤트를 제공한다(구독/구독자 정보 변경/수신 거부/수신 거부 취소 등). 참고로 웹훅을 사용하려면 스탠다드 요금제로 변경해야 한다.

사용자가 웹훅을 만들어서 알림을 어떤 방식으로 받으며, 어떤 내용의 알림을 받을지 설정할 수 있다. 그런데 여기서 참고할 점이 있다. 웹훅 알림은 JSON_{JavaScript Object Notation}[1] 형태로 사용자에게 전달되는데, 이를 개발자가 아닌 마케팅 관리자가 직접 처리하기는 어려울 수 있다. 따라서 웹훅 이용 시 가능하면 기업의 전산이나 개발 부서의 도움을 받는 편이 유리할 것이다.

이메일 마케팅 시작하기

이제 주소록에 유효한 이메일 주소가 확보되어 있다면 즉각적으로 이메일 마케팅 캠페인[2] 을 시작할 수 있을 것이다. 스티비에서 캠페인을 시작하기 위해서는 로그인 이후에 화면 좌측 상단 메뉴의 **이메일**을 클릭한다. 처음에는 진행한 캠페인이 없어 빈 화면이지만, 캠페인을 만들고 운영할 경우 이메일 초기 화면은 캠페인의 목록과 성과를 요약하여 보여주는 대시보드를 보여준다.

[그림 5-13] 이메일 초기화면과 대시보드

---

1   JSON은 웹 서버와 클라이언트 간 데이터 교환을 위한 텍스트 기반의 데이터 형식이다.
2   마케팅 캠페인이란 고객과의 지속적 커뮤니케이션을 위한 제반 활동을 의미한다.

대량 자동 발송과 A/B 테스트 자동화

새로운 캠페인을 만들어 대량 자동 발송 및 A/B 테스트 자동화를 해보자. 이메일 화면 중앙(캠페인 최초 생성 시) 혹은 좌측 상단의 **+ 새로 만들기** 버튼을 클릭하면 다음과 같은 팝업 창이 나온다.

[그림 5-14] 이메일 캠페인 방식 선택

일반 이메일은 뉴스레터, 프로모션, 메일 등 구독자의 참여를 유도하기 위하여 통상적으로 대량 발송하는 이메일 캠페인이다. 반면 **자동 이메일**은 가입 시 환영 메일, 특정 시나리오에 따라 발송되는 메일처럼 미리 설정한 조건에 따라서 자동적으로 발송되는 이메일이며, 보통 드립Drip 캠페인 혹은 자동화 이메일 등의 이름으로 불린다. 일단 이 단계에서는 '일반 이메일'을 선택한다.

일반 이메일을 이용한 대량 발송은 **주소록 선택 → A/B 테스트 여부 선택 → 발송 정보 → 템플릿 선택 → 콘텐츠 작성 → 최종 발송**의 순서로 진행된다. 이들이 모두 필수적인 과정은 아니며 A/B 테스트, 템플릿 선택은 선택 과정이기 때문에 불필요한 경우에는 생략할 수 있다. 해당 순서의 진행 단계는 이메일을 선택한 이후에 스티비 화면 상단의 메뉴 바 형태로 확인할 수 있다. 우선 주소록에서 발송 대상을 선택한다. 선택한 이후에는 화면 하단의 **다음** 버튼을 클릭하여 진행한다.

주소록 선택

우선 발송 대상이 포함된 주소록을 선택하여야 한다. 이미 사전에 주소록을 보유하고 있는 경우에는 드롭다운 메뉴에서 선택할 수 있을 것이다. 그리고 화면 하단의 다음 버튼을 클릭하여 다음 단계인 A/B 테스트로 진입한다.

A/B 테스트

A/B 테스트는 이미 많은 퍼포먼스 마케팅에서 진행된 마케팅 실험이다. 이메일 마케팅에서는 보통 테스트 집단을 대상으로 제목이나 발송 조건 등이 상이한 두 가지 버전으로 이메일을 발송하고, 이후 실제 마케팅 대상 집단에게는 더 높은 성과를 낸 이메일만을 집중하여 발송하는 단계이다. 스티비에서는 기본적으로 이메일 제목, 발신자 이름, 발신 스케줄의 3가지 조건을 달리하여 테스트를 진행할 수 있으며, 이 과정에서 테스트 그룹과 발송 그룹을 지정해주어야 한다. 테스트 이후의 발송 성과는 자동적으로 추적되며, 테스트 성과 비교 후에는 성과가 낮은 이메일은 자동으로 발송 중단되며 더 성과가 높았던 이메일만이 자동으로 발송된다.

[그림 5-15] A/B 테스트 선택

A/B 테스트를 시행하기 위해서는 구체적으로 테스트할 항목을 선택한다. 선택할 수 있는 항목은 세 가지 조건(이메일 제목, 발신자 이름, 발송 스케줄) 중 하나이며,

선택된 항목에 대하여 2개의 각기 다른 버전으로 이메일을 발송한다.

이후 테스트 그룹과 발송 그룹의 비율을 적절하게 설정하여야 한다. 테스트 그룹은 A/B 테스트에 참여하는 인원이며, 발송 그룹은 테스트 이후에 더 높은 성과를 보여주는 메일 수신인들이다. 테스트 그룹의 인원이 너무 적다면 통계적 유의성이 없어서 실험 결과를 믿을 수 없을 것이다. 반대로 테스트 그룹의 인원이 너무 많으면 캠페인 대상이 될 구독자의 수가 감소한다. 적정한 인원을 테스트 그룹에 배정하여야 한다. 아울러, 테스트 그룹에 발송한 이후 며칠 이내에 더 성과가 좋은 메시지 버전을 발송 그룹에게 발송할지 설정하여야 한다.

A/B 테스트를 진행하면 테스트에 투입한 이메일이 2가지 형태로 생긴다. 제목 테스트를 선택하면 2개의 제목을 각각 다르게 입력하여야 하며, 발신자 이름을 선택하면 발신자 이름도 각각 다르게 입력하여야 한다. 그 이외의 설정은 일반 이메일 발송과 동일하다. 이후 이메일 A/B 테스트의 단계는 템플릿, 콘텐츠 작성의 단계를 일반 이메일 발송 시와 마찬가지로 차례로 설정해주면 된다.

[그림 5-16] A/B 테스트 세부 옵션

발송 정보

A/B 테스트 시행 여부를 결정한 이후의 단계에서는 발송 정보를 입력하여야 한다. 기본적으로 이메일 제목, 발신자 이름, 발신자 이메일 주소를 입력한다. 발송 정보 입력 단계에서는 미리보기 텍스트를 추가로 입력할 수 있는데, 이는 수신자의 받은 편지함에 제목, 발신자 이름과 함께 보이게 되는 메일 메시지의 요약문이라고 생각하면 편할 것이다. 메일을 개봉하지 않고 삭제하는 경우도 많으므로 받은 편지함에서 보이는 제목과 발송 정보만으로도 메일 내용을 파악할 수 있도록 포함시키는 것이 좋다. 발송 정보에 입력한 모습이 실제로 어떤 모습으로 보이게 되는지는 화면 우측의 미리보기 화면을 통해서 확인이 가능하다.

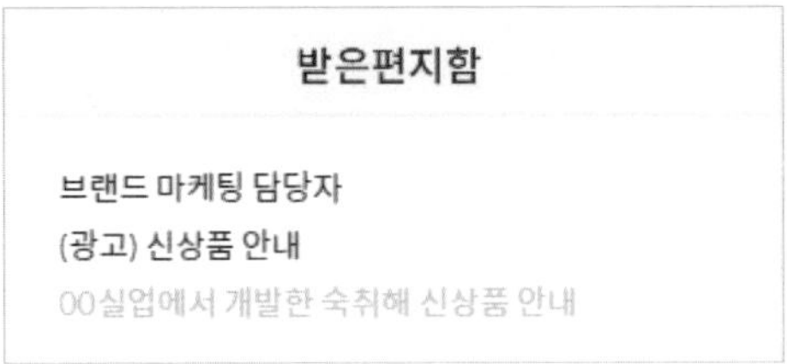

받은편지함

브랜드 마케팅 담당자
(광고) 신상품 안내
OO실업에서 개발한 숙취해 신상품 안내

[그림 5-17] 발송 메일 미리보기 기능

또한 이메일 제목이나 미리보기 텍스트에는 메일 머지mail merge나 이모티콘을 추가적으로 사용할 수도 있다. 우선 제목 입력 시 주의사항으로 국내 시행 중인 정보통신망법에 따라서 광고성 메일일 경우에는 **광고 표시하기**를 반드시 체크해서 발송된 메일 앞에 광고임을 표시하여야 한다. 메일 머지 기능을 이용하기 위해서는 **이메일 제목** 입력창의 우측에 있는 { } 기호를 클릭한다. 클릭하면 사용자 정의 필드를 포함한 주소록 필드를 모두 보여주며, 메일 머지에 필요한 주소록 필드를 선택하면 된다. 만일 사용자 정의 필드 중에 이름을 표시하는 **name** 필드를 선택하면 **$%name%$**의 부호 형태로 표시되는데, 실제 수신자에게는 해당 부분은 '홍길동'처럼 자기 이름으로 표시된다. 이모티콘 입력은 메일 머지 기호 옆에 있는 스마일 기호이다. 메일 머지 기능은 발신자와 수신자 모두 만족도가 높은 개인화 마케팅 도구이다.

[그림 5-18] 메일 머지 적용하기

템플릿 선택과 콘텐츠 작성

다음 단계로 이메일 메시지와 콘텐츠에 대한 디자인을 선택한다. 템플릿 단계에서는 빈 템플릿을 선택한 후 직접 디자인 구성 요소들을 추가하여 메시지를 디자인할 수도 있지만, 이미 잘 만들어진 기존 템플릿을 불러온 후 목적에 맞게 수정하여 작성하는 것도 가능하다. 스티비를 활용함으로써 HTML 코딩에 대한 이해 없이도 시각적으로 뛰어난 멀티미디어 디자인의 메시지를 발송할 수 있다. 템플릿의 종류는 빈 템플릿부터 1단 템플릿, 2단 템플릿, 에세이, 뉴스레터, 웰컴 이메일, 상품 브로슈어, 엽서, 레시피, 매거진 등 디자인과 사용 상황에 적합한 다양한 템플릿의 유형과 샘플이 다수 제공되며, 수시 업데이트를 통하여 제공되는 템플릿의 종류를 넓혀가고 있다.

[그림 5-19] 이메일 템플릿 제공

템플릿을 선택한 이후에는 직접 메시지를 구성할 수 있는데, 일반적인 사용법은 콘텐츠 작성에 도움을 주는 서비스로 잘 알려진 망고보드(www.mangoboard.net)나 캔바(www.canva.com) 등과 유사하다. 해당 서비스의 사용 경험이 있다면 금방 적응할 수 있다. 혹시 이런 서비스의 이용 경험이 없더라도 괜찮다. 간단하고 직관적인 UI를 제공하기에 누구나 쉽게 제작할 수 있을 것이다.

스티비에서는 콘텐츠 화면 우측의 상자/스타일 탭을 오가며 콘텐츠를 작성할 수 있다. **상자** 탭은 콘텐츠 구조와 요소 설계를 위한 기능을, **스타일** 탭은 콘텐츠 디자인을 위한 기본 기능을 제공한다.

[그림 5-20] 스티비 콘텐츠 작성 화면

각 탭의 사용 방법을 간단히 안내하겠다. 상자 탭에서는 원하는 상자 요소를 왼쪽 화면으로 끌어다 놓는 방식으로 콘텐츠를 만들 수 있다. 선택할 수 있는 상자 요소로는 1단, 2단 등 다단 편집 기능과 버튼, 이미지, 지도, 구분선, 동영상 미리보기, SNS 링크 등 다양하다. 각 상자 요소들을 화면에 배치하여 원하는 메시지 콘텐츠를 작성한 다음에는 PC 화면과 모바일 화면에서 모두 잘 보이는지 확인하면 된다.

스타일 탭에서는 전체 배경 색상, 테두리 모양과 색상, 상자 내부의 여백, 폰트 크기와 종류, 글자 모양, 버튼 스타일 등을 선택하여 메시지 전반의 스타일을 지정할 수 있다.

[그림 5-21] 스타일 구성요소 선택   [그림 5-22] 스타일 구성요소 세부 설정

최종 발송

이제 대량으로 이메일을 발송하기 위한 기본 준비를 모두 마쳤으니 이메일을 발송하면 된다. 이메일의 발송은 크게 **테스트 발송**, **예약 발송**, **발송하기**로 나누어지며 콘텐츠 화면 좌측 최상단에 있는 메뉴 중에서 선택할 수 있다. **테스트 발송**은 이메일 캠페인 시작 이전에 이상 유무를 사전에 점검하기 위하여 최대 5개의 사전에 지정된 테스트용 메일 주소로 발송할 수 있으므로 보통 발송자에 자

신의 이메일 주소를 입력한다. **예약하기**는 이메일 캠페인의 설정을 확인한 이후에 특정 일자와 시간대의 발송을 예약할 수 있으며, **발송하기**는 예약 없이 기본 설정을 간단히 점검한 후 바로 발송한다. 만일 점검 단계에서 수정 사항이 발생하면 다시 해당 단계로 돌아가서 주소록이나 메시지를 수정할 수 있다.

트리거에 의한 자동화

스티비는 일반 이메일 이외에 자동 이메일 발송 기능을 추가로 제공하며 이를 이용하여 마케팅 자동화를 구현할 수 있다. 스티비의 자동 이메일은 가입 환영 웰컴 메일, 시나리오 메일 등 미리 설정한 조건에 따라 자동적으로 발송되는 이메일이며, 인간의 개입을 최소화하면서 반복적인 이메일 발송에 적합한 방식이다. 이와 같은 드립Drip 캠페인을 지원하는 기능은 유료 요금제인 스탠다드 요금제부터 제공되며 무료 요금제에서는 제공되지 않는다.

이메일 자동화는 다양한 마케팅 상황에서 필요하다. 예를 들어 신상품을 소개하는 이메일을 발송하였지만 1주일이 지나도록 메일을 개봉하지 않았다면 이미 개봉한 고객을 제외하고 미개봉한 고객에게만 다시 메일을 재발송할 수 있다. 혹은 메일은 열어보았지만, 구매를 촉진하는 CTAClick to Action 버튼까지는 클릭하지 않은 경우에는 해당 상품에 대한 체험 기회나 할인 쿠폰을 담은 별도의 촉진 이메일을 보낼 수도 있다. 이처럼 이메일 자동화는 고객이 처한 다양한 시나리오에 따라서 맞춤형 메일을 전환 목표가 발행할 때까지 반복적으로 보내는 퍼포먼스 마케팅이 가능하다.

스티비의 이메일 목록 화면에서 **새로 만들기**를 클릭하고 이어 나오는 팝업 창에서 **자동 이메일**을 클릭하면 자동화 이메일을 만들 수 있다. 자동 이메일 발송 시에는 **주소록 선택 → 발송 조건 설정 → 발송 정보 → 템플릿 선택 → 콘텐츠 작성 → 발송**의 순서로 적용된다. 즉 자동화 조건을 설정하는 '발송 조건 설정' 단계가 추가된다. 발송 조건 설정 단계에서는 트리거, 필터, 발송 시간대를 차례

대로 설정하여야 한다. 주소록 선택 등 일반 이메일 발송과 동일한 과정에 대한 설명은 생략하고, 발송 조건 설정을 중심으로 설명한다.

[그림 5-23] 자동 이메일 만들기 선택

발송 조건에서는 트리거, 필터, 그리고 발송 시간대를 선택하여 이메일 마케팅을 자동화한다. 이 중 트리거는 이메일을 발송하는 기본 조건을 설정하는 것이며 이메일, 주소록에 대한 구독자의 행동이나 API 요청에 의하여 실행된다. 트리거 메뉴의 **+트리거 선택** 버튼을 클릭하면 다양한 트리거를 선택할 수 있는 팝업 창이 나타난다(그림 5-23, 5-24 참조). 트리거로 설정 가능한 구독자의 행동 조건은 주소록의 추가, 이메일 발송 여부(성공/실패), 개봉 여부(오픈/오픈 안 함), 링크 클릭 여부(클릭/클릭 안 함), 그리고 API에 의한 직접 요청이다.

[그림 5-24] 트리거 조건의 설정

이 중 주소록 트리거는 기존 수신자 주소록에 신규로 추가된 구독자에 한해서 이메일을 발송하는 것이다. 주소록에 추가되는 경우는 수신자가 직접 구독 폼에 자신의 정보를 입력하는 경우와 마케팅 관리자가 주소록에 수동으로 수신자를 추가하는 경우 모두 포함한다. 활용 예시로는 새롭게 뉴스레터를 구독한 신규 구독자들에 한하여 환영 이메일을 자동으로 발송하거나, 지난 뉴스레터를 볼 수 있는 별도의 링크를 제공하는 이메일을 발송할 수 있다.

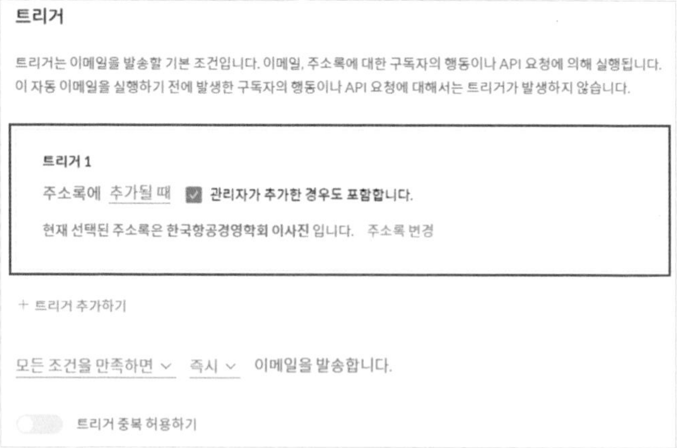

[그림 5-25] 주소록 트리거 설정

발송 여부(성공/실패) 트리거는 특정한 이메일 메시지의 발송을 성공 혹은 실패한 구독자를 대상으로 이메일을 발송한다. 활용 예시로는 상편과 하편의 2개 문서로 구성된 기술 문서를 발송한다고 가정하자. 1편 문서를 포함한 이메일의 발송이 성공한 경우에 한하여 두 번째인 2편 문서 이메일을 발송하는 형태로 트리거를 설정할 수 있다. 반대로, 1편 문서를 발송하지 못한 경우에는 동일한 문서가 발송 성공할 때까지 이메일을 재발송할 수도 있다.

개봉 여부(오픈/오픈 안 함) 트리거는 특정 이메일을 개봉 혹은 미개봉한 구독자에게 이메일을 발송한다. 활용 예시로는 이메일을 반복하여 보낼 때마다 가격 할인의 폭이 커지는 촉진 행사를 진행한다고 가정하자. 미개봉한 구독자에게는

10%의 할인율을, 개봉하고도 구매하지 않는 구독자에게는 20%의 더 큰 할인율을 알리는 광고 메일을 자동으로 발신할 수 있다. 이는 흔히 디지털 광고에서 활용되는 리마케팅 광고 기법과 유사한 방식으로 작동한다.

링크 클릭 여부(클릭/클릭 안 함) 트리거는 이메일 내에 링크 혹은 CTA 버튼을 일정 시간 경과 후까지 클릭하거나 하지 않은 구독자에게 이메일을 발송한다. 예를 들어 다양한 품목을 판매하는 쇼핑몰을 고려해보자. 상품 A에 대하여 상세 설명 페이지를 클릭하지 않은 구독자는 상품 A에 대하여 관심이 없다고 판단하며, 이후 이메일에는 다른 상품인 상품 B를 소개하도록 설정할 수 있다.

API로 직접 요청이 왔을 때 주소록의 구독자에게 이메일을 발송한다. 활용 예시로, 기업의 웹사이트로부터 신규 회원 가입과 관련된 정보를 API 요청을 통해 받은 경우에 신규 회원에게 환영 메일을 보낸다.

트리거는 1개를 설정하거나 혹은 2개 이상을 동시에 설정할 수 있다. 트리거가 2개 이상인 경우에는 트리거 만족 여부(모두 만족 혹은 일부만 만족)와 관련하여 'and' 혹은 'or' 등의 조건식을 설정하여야 한다. 또한 트리거를 충족했을 때 즉시 이메일을 발송할 수도 있지만 시간, 일자, 주차 등 방송 시기를 별도로 정하거나 매년 같은 날짜를 정해서 나중에 발송하도록 설정할 수도 있다.

추가로 설정하는 필터 기능은 트리거의 조건을 충족하는 구독자를 대상으로 적용된다. 대상들 중 일부에게만 이메일을 발송하고자 할 때 사용하는 추가 조건이다. 필터로 사용되는 정보는 주소록의 그룹 또는 사용자 정의 필드를 기준으로 설정한다. 따라서 사전에 주소록에 필터로 사용할 수 있는 정보를 확보하고 있어야만 사용이 가능하다. 예를 들어 트리거를 충족한 경우라도 광고성 정보의 수신에 동의한 경우만 이메일을 발송하거나 특정 집단(예: 여성, 남성)에 한정하여 메일 발송이 가능하다.

[그림 5-26] 발송 대상의 필터링

마지막으로 발송 시간대는 자동 이메일의 발송을 허용하는 시간대를 지정한다. 트리거와 필터의 조건을 만족하더라도 즉각 발송되지 않으며 요일, 시간 등의 발송 시간대 조건이 충족되면 자동으로 발송된다.

[그림 5-27] 발송 요일과 시간 트리거

이메일 성과 관리

이메일 마케팅에 필요한 주소록을 확보하고 이메일을 발송한 이후에는 최근 발송한 이메일의 성과가 로그인 초기화면에 자동으로 제시된다. 스티비의 장점 중 하나는 캠페인의 성과를 요약하여 시각적으로 제공하는 대시보드 기능이다. 이메일을 발송한 이후 퍼포먼스 평가를 위한 인위적인 노력을 하지 않아도 자동화된 프로세스가 주요 성과 지표를 요약하여 보여준다. 대시보드에서 제공하는 정보는 발송 성공, 개봉률(오픈), 클릭률, 수신 거부의 4대 핵심 성과 지표KPI: Key Performance Indicator와 지난 캠페인과의 비교 수치를 제공하며, 최근 1년간 구독자 수의 증감을 주간 변동 그래프로 제공한다.

[그림 5-28] 발송 퍼포먼스의 확인

Chapter 06

AI 기반
업무 자동화

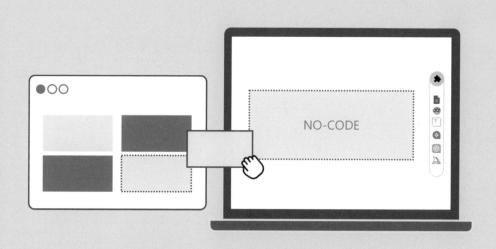

근래의 마케팅 업무는 통합적, 융합적 역량을 갖춘 르네상스형 인재를 요구하고 있다. 마케터는 브랜딩이나 퍼포먼스 마케팅 능력뿐만 아니라 콘텐츠 작성, 카드 뉴스 제작, 배너 광고 등의 간단한 디자인 작업은 물론이고 간단한 코딩을 처리할 수 있는 능력까지도 요구되고 있다. 이런 현상은 인력 규모가 적은 중소기업이거나 스타트업인 경우에 더 거세지고 있다. 이에 마케터들은 새로운 역량을 배우기 위하여 많은 시간과 노력을 투입하고 있지만, 비전공자가 극복하기 쉽지 않은 벽이 있어서 노력의 결과가 항상 만족스러운 것은 아니었다. 그러나 최근 등장한 AI 인공지능 기반의 서비스들은 이런 전문적인 업무 영역까지 상당 부분 자동화할 수 있도록 진화하고 있다.

챗GPTChatGPT나 런웨이Runway, 미드저니Midjourney 등 최근 등장한 AI 서비스들을 강력한 인공지능을 전문 코딩의 영역에서 SaaSSoftware as a Service 형태로 단순화하고 있다. 이제 이런 혁신적 AI를 다양한 업무 요구에 활용할 수 있는 방법들을 사례와 함께 살펴본다.

6.0 어떤 상황에서 사용될까?

사례 다양한 역량 개발에 대한 디지털 마케터의 고민

3년 차 디지털 마케터인 A씨는 마케팅 업무를 하면 할수록 디자인과 마케팅 부서는 친해야 하는 관계라고 생각이 들었다. 예를 들어 새로 만든 마케팅 랜딩 페이지에 설치한 구글 애널리틱스Google Analytics로부터 받은 데이터를 이용하여 사용자의 행동을 분석하는 일은 퍼포먼스와 콘텐츠를 담당하는 마케터와 UX, UI 디자이너 모두에게 중요한 공통 업무였다. 분석을 바탕으로 더 많은 고객을 유입하고, 이들을 전환시키며 매출 증대를 위하여 웹페이지의 디자인이나 버튼을 수정하자는 제안을 마케터가 하기도 하고, UI 디자인에 대한 방문자 반응을 바탕으로 고객에 대한 인사이트를 디자이너가 먼저 발견하는 경우도 적지 않았다.

이렇게 마케팅과 디자이너의 업무가 상호 협력해야 하는 일들이 잦아지다 보니, A씨가 일하는 기업에서도 자연스럽게 소위 마자이너마케터+디자이너 능력을 갖춘 직원들을 우선적으로 선발하고 더 좋은 대우를 하고 있다. 마케팅을 잘 아는 디자이너, 디자인을 잘 아는 마케터가 환영받게 된 것이다. 이 같은 분위기가 확산되자 마케팅만 잘할뿐이지 디자인에는 별로 소질이 없는 A씨도 주변에 다재다능한 업무 능력을 갖춘 동료들을 보면서 조금씩 위기를 느끼고 있다. 더욱이 요즘에는 개발을 잘 아는 디자이너, 디자인을 잘 아는 개발자라면서 개자이너라는 신조어도 심심찮게 들린다.

지금이라도 더 늦지 않게 다시 디자인이나 프로그래밍 알고리즘 같은 것을 배워야 하나 싶어서 책도 사보고 온라인 강좌도 기웃거리지만, 바쁜 일과 후에 쉽게 손이 가지 않는다. 설사 다시 배운다고 하더라도 업무에 활용할 수 있는 수준까지 능력을 올릴 수 있을지도 자신이 없다. 이런 영역에서 빛나는 자질은 배움보다는 소질이나 적성이 상당 부분 관여한다고 생각되기 때문이다. 그리고 항상 마케터의 강점은 남다른 창의성과 고객을 이해하는 시장 이해력이라고 믿어왔는데, 고객과 더 잘 소통하고 트렌드를 놓치지 않기 위해 투입해야 하는 시간을 포기하는 것이 기회비용 차원에서 더 나은 결정인지도 모르겠다. 굳이 공부하거나 배우지 않아도 클릭 몇 번만으로 이런 마자이너의 역량을 갖출 수 있는 기적 같은 기술은 아직 없는 것일까?

6.1 필요성

기업 업무 환경이 애자일Agile한 환경으로 빠르게 변화하면서 개인에게 요구되는 업무 역량 역시 특정 분야에만 통달한 전문가로서의 역량뿐만 아니라 다양한 배경의 지식과 경험을 갖춘 융합인으로서의 역량도 동시에 요구되고 있다. 그 결과, 신입 사원을 모집하는 구직 공고에 최소한 몇 년 이상의 경력을 갖추어도 결코 맞추기 쉽지 않아 보이는 요구 자격 조건을 보는 것도 이제 그리 낯선 일은 아니다. 디지털 마케팅 업무의 담당자들에게 요구되는 역할도 단순히 브랜드 마케팅 역량뿐만 아니라 마케팅 기획가, 데이터 분석가, 기초적인 코딩 능력자, 그래픽 디자이너로서의 기본적 업무 역량을 요구하고 있는 실정이다.

이처럼 개인이 달성하기 어려운 다재다능한 인재상을 요구하게 된 것은 크게는 기업의 비용 절감 등 효율성 제고 노력과 관련 업무의 복잡성이 증가한 것이 가장 큰 이유지만, 부분적으로는 다양한 업무 생산성 지원 도구들이 등장한 것도 한 이유가 되고 있다. 이제는 손쉽게 이용 가능한 업무 생산성 향상 도구들이 다양해졌고, 접할 기회도 많아졌다. 포토샵이나 일러스트레이터 같은 전문적인 이미지나 동영상 편집 도구들을 사용할 줄 몰라도 망고보드(www.mangoboard. net)나 캔바(www.canva.com) 같은 자동화 웹사이트를 활용하면 누구나 어느 정도 수준급 결과물을 낼 수 있게 되었다. 노코드로 제공되는 서비스를 활용하면 파이썬을 모르더라도 누구나 간단한 웹 스크래핑 정도는 할 수 있게 되었고, 외국어를 모르더라도 구글 번역이나 네이버 파파고 등의 번역 서비스를 이용하면 의사소통이 가능한 정도의 번역은 쉽게 할 수 있게 되었다. 다양한 전문 기술과 소프트웨어가 단지 웹 서비스를 이용할 수 있는 정도의 능력만 있다면 접근 가능한 시대가 되었다.

이런 변화를 더 빠르게 촉진하고 있는 것은 AI가 이제 연구실이 아니라 우리 생활 속으로 성큼 다가왔다는 점이다. 컴퓨터 전공자나 프로그램 언어와 코딩에 능숙한 공학도의 전유물에서 우리 모두의 친근한 AI로 성큼 다가오고 있다. 이는 AI 서비스의 SaaSSoftware as a Service화 현상과 관련이 깊다. 전문적인 미술 교육을 받지 않더라도 달리DALL-E나 미드저니Midjourney 같은 서비스를 이용하면 전문가 못지않은 훌륭한 그림이나 이미지의 제작이 가능하다. 최근에는 더 다양한 작업을 AI의 도움을 받아서 쉽게 할 수 있게 되었다. 예를 들어 파이썬이나 자바스크립트 같은 프로그램 코딩도 몇 가지 간단한 일반 대화와 같은 자연어NL: Natural Language를 사용한 질문만으로 자동 작성이 가능해졌다. AI에게 특정한 역할이나 임무를 제시하고 수행하도록 하는 것도 대화형 질문만으로 가능해졌다. 예를 들어 소셜 미디어 마케팅 전략의 기본 방향에 대한 자문을 얻거나, 추천서를 작성하거나, 광고 카피나 브랜드를 개발하는 창의적인 작업조차 AI는 도움이 될만한 결과물을 제시하고 있다.

과거 기업에서는 업무를 전수해주기 위하여 OJTOn the Job Training라는 과정이 필수적으로 이루어졌다. 여전히 인적 네트워크나 암묵적 지식을 전달해주기 위한 인간적 노력과 시간 투입이 유용한 것이 사실이지만, 멀지 않은 미래에는 발달된 AI 인공지능과의 대화만으로도 원하는 지식과 노하우를 체계적으로 얻을 수 있다면 마케터의 일이라는 것도 우리가 예상치 못한 형태로 바뀌게 될 것이다. AI에 대한 이해와 활용 능력을 갖추는 것은 현재 업무를 단지 빠르고 편하게 하는 과정일뿐만 아니라 미래 변화에 대응하는 최선의 방법일 것이다.

6.2 알아두면 좋은 지식

AI가 다방면에서 발전하고 있는데, 그중에서도 관련 기술의 상용화가 빠르게 진전되고 있는 영역 중 하나는 자연어 처리NLP: Natural Language Processing 기술을 활용한 챗봇 서비스이다. 챗봇은 AI에 의한 컴퓨터 알고리즘의 산물이며, 자연어 처리와 관련된 기술은 사람들이 일상에서 사용하는 방대한 텍스트 빅데이터로부터 의미를 이해하고, 관련된 정보를 추출 및 분류하며, 더 나아가 자동으로 텍스트를 생성하는 기술을 포함한다.

우리가 흔히 챗봇Chatbot이라고 부르는 서비스들은 보통 음성 혹은 문자로 진행되는 대화 시스템Dialogue System을 대중적으로 부르는 말이다. **대화 시스템**은 인공지능인 시스템이 마치 인간인 것처럼 스스럼없이 인간 이용자와 자연스럽게 대화를 진행할 수 있는 시스템이다. 인공지능 연구의 선구자인 튜링Turing은 언젠가 인공지능이 인간과 구별할 수 없을 정도의 자연스러운 대화가 가능할 것이라고 주장하였는데, 현대의 인공지능 시스템은 이미 튜링 테스트를 통과하였다. 대화 시스템은 크게 문제 해결형 대화 시스템과 자유주제 대화 시스템으로 구분된다. **문제 해결형 대화 시스템**은 이용자가 제시하는 문제를 해결하기 위하여 설계되었으며, 우리가 흔히 사용하는 애플 시리, 삼성 빅스비, 구글 어시스턴트가 이에 포함된다. 이 서비스들은 최대한의 적은 대화만으로도 이용자가 원하는 것을 이해하고 해결하기 위해 노력한다. 반면에 **자유 주제 대화 시스템**은 단순히 대화를 즐기기 위한 목적으로 만들어진 시스템이다. 딱히 문제 해결을 위해 노력하지 않으며 이용자가 어떤 주제로 대화를 시도해도 시스템은 적절한 답변을 하며 최대한 긴 대화를 이어나가는 것이 목적이다.

챗봇 같은 대화 시스템은 답변을 직접 생성하거나 사전에 구축된 데이터베이스에서 적절한 답변을 고르는 형태로 제공되는데, 각각의 한계점도 존재한다. 우선 대화를 직접 생성하는 시스템들은 평범한 질문에는 답변을 잘하지만, 확률적으로 질문 가능성이 낮은 어려운 답변에는 '미안합니다', '알 수 없는 영역입니다'처럼 직접적 답변을 회피하거나 두루뭉술한 답변을 생성하기 쉽다. 또한 특정한 사람의 데이터를 깊이 있게 분석하여 모방하는 것이 아니라 수많은 사람들의 대화 데이터를 수집하여 학습시키기 때문에 다중인격자처럼 일관성 없는 답변을 하기도 쉽다. 예를 들어 고향이 어디냐고 물어봤을 때 자유 주제 대화 시스템은 특정 장소를 이야기하지 않고 매번 다른 장소를 고향으로 이야기할 가능성이 있다. 또한 과거의 대화 기록을 바탕으로 대화 주제를 진전시키고 인간스러운 느낌의 맞춤형 대화를 진행하는 것도 어려운 일이다.

반면에 문제 해결형 대화 시스템은 보통 과거에 수집한 데이터베이스의 정보를 기반으로 적합한 답변을 분석하여 제시한다. 대표적인 사례가 Nutty에서 서비스하는 AI 챗봇 이루다이다.

이루다 AI의 답변 제시 원리

이루다는 카톡의 대화 데이터에서 1억 개 이상의 답변을 데이터베이스로 구축한 후, 여태까지 진행된 대화의 내용과 마지막 사용자의 메시지를 보고 데이터베이스에서 그럴듯한 복수의 최종 답변을 우선 선발한 후, 이를 재검토하여 도출한 한 개의 답변을 제시한다.

[AI 챗봇 이루다 공식 홈페이지] https://luda.ai/

오른쪽은 Nutty가 서비스하는 또 다른 챗봇인 강다온과 대화를 한 예이다. 이처럼 챗봇은 인간이 사용한 대화를 뽑아서 쓰기 때문에 답변 내용이 자연스럽다는 장점이 있으며, 데이터베이스의 기록이 풍부할수록 답변 결과는 좋아질 수 있다.

그러나 간단한 인사나 기본적 대화와는 달리 어느 개인을 특정할 수 있는 말투나 정보가 데이터베이스에 포함되어 있다면 개인이 식별되거나 개인 정보가 유출될 수 있는 우려가 있다. 또한 시사성이 있는 질문이라면 데이터베이스 구축 이후에 발생한 사건들에 대해서는 답변을 잘 못한다. 만일 2023년까지의 데이터를 기반으로 구축된 데이터베이스라면 그 이후의 사건에 대한 자연스러운 대화는 어려울 것이다.

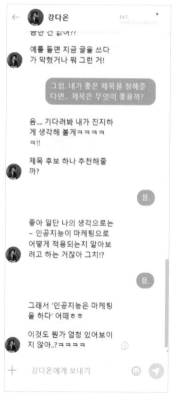

[그림 6-1] Nutty의 또 다른 챗봇, 강다온과의 대화

6.3 금손 도구 소개

단지 웹 서비스 이용이나 클릭만으로 이용 가능한 노코드 기반의 AI 서비스의 종류와 완성도는 예측보다 빠른 속도로 향상되고 있으며, 이제는 단순한 호기심을 넘어서 직접 비즈니스에 활용할 수 있는 수준까지 빠르게 진화하고 있다.

템플릿 기반의 디자인 플랫폼

우선 최근 눈부시게 빠른 발전을 보이는 AI 분야 중 하나가 이미지의 자동 생성이나 처리가 가능한 디자인 업무의 자동화 분야이다. 소셜 미디어, 카드 뉴스나 유튜브 등 미디어 콘텐츠에 대한 수요가 증가하면서 고품질의 이미지 작업물에 대한 수요 역시 같이 증가하였다. 이런 수요를 충당하기 위하여 과거에는 주로 일러스트레이터나 포토샵 편집자들이 정성껏 한 땀 한 땀 제작한 수작업의 결과물을 바탕으로 마케팅 광고물을 제작하였다. 그러다 망고보드, 캔바, 미리캔버스 등 다양한 템플릿 기반의 보다 편리한 영상 및 이미지 제작 지원 서비스가 등장하고는 상업용 이미지들을 빠르게 뽑아낼 수 있게 되었다.

이들 템플릿 서비스들은 카드뉴스, SNS 게시물, 인포그래픽, 오프라인의 배너 광고 이미지, 현수막, 유튜브 썸네일, 페이스북 커버, 로고 제작 등 용도별로 다양한 템플릿을 제공하고 있으며, 기업뿐만 아니라 공공기관, 유통업체, 전문 직종, 병원, 대학생 동아리 등 다양한 사용자 계층에게 효과적으로 파고들고 있다.

[그림 6-2] 디자인 자동화 서비스

템플릿 기반 서비스가 제공하는 상업용 이미지, 동영상 서비스들은 관련 작업을 전문가의 영역에서 누구나 시도해볼 수 있는 영역으로 쉽게 바꾼 공로가 크다. 대학에서는 비전공자도 디자인 전공자 못지않은 과제물을 제출하고 있고, 마케팅 직군 종사자가 디자인 작업까지 겸하는 마자이너마케터+디자이너라는 신조어도 사용되고 있다.

그러나 이런 공적에도 불구하고 템플릿 기반의 서비스들은 이미지나 동영상 제작의 자유도가 여전히 낮다. 폰트나 이미지 사진 등을 교체하는 꾸밈 기능은 있지만 기본적으로는 기존에 제공되는 이미지나 레이아웃 템플릿을 가지고 수정하며 제작을 하다 보니 대부분의 결과물이 비슷해지고 있다. 광고하는 기업도, 제품도, 내용도 다르지만 어디선가 본듯한 비슷한 온라인 광고물을 경험하는 것은 단순한 착각이 아니다. 그래픽 이미지, 일러스트레이션 등 기본적인 이미지 소스의 다양화 없이는 이런 기시감은 극복하기 어렵다.

생성형 AI 서비스

이미지 생성 AI

최근에는 AI를 이용하여 다양한 이미지나 그림을 자동 생성해주는 서비스가 확산되고 있다. 2022년에는 콜로라도 주립 박람회 미술대회의 디지털 예술 사진 부문에서는 출품한 작품 중에서 〈스페이스 오페라 극장(Théâtre D'opéra Spatial)〉이 1등작에 선정되었는데, 나중에 이 작품이 작가 본인이 만든 것이 아니라 AI 프로그램이 생성한 자동 이미지라는 것이 밝혀지고 나서 예술의 본질에 대한 격한 논쟁이 벌어지기도 하였다. 이 작품은 그림 생성 AI인 미드저니 Midjourney를 통하여 만들어졌는데, 사용자가 키워드로 그림에 대한 묘사를 하면 그에 맞춰 그림을 자동으로 생성해준다. 키워드만 상세하고 명확하게 입력하면 전반적인 구도나 색감, 특정 작가의 고유한 화풍까지도 모방할 수 있을 정도로 섬세하다. 관련 기술로 제작된 작품이 공식적 미술 대회에서 수상한 것은 처음이라 많은 사람들에게 관심과 더불어 충격을 안겨주었다.

[그림 6-3] 미드저니를 이용해 그린 디지털 아트 〈스페이스 오페라 극장〉

이미지 제작이나 그림 그리기가 가능한 AI는 이미 2014년부터 등장하기 시작하였다. 그러나 초기에는 완성도도 떨어지고 단순한 자동 채색 수준에 머물렀다. 그러다가 이후 보다 진화한 확산 모델Diffusion model을 적용한 AI 도구들이 등장하기 시작하였다. 확산 모델은 머신러닝의 한 종류로, 방대한 이미지 데이터들에 노이즈를 조금씩 섞어주면서 데이터의 특성을 학습한 후, 이를 바탕으로 역으로 노이즈로부터 그럴듯한 이미지를 만들어주는 기법이다. 그 후 확산 기법을 활용한 달리DALL-E, 달리 2DALL-E 2, 노벨AINovelAI, 미드저니 등 우수한 그림 AI들이 다수 등장하기 시작하였다. 이 그림 AI들은 홈페이지에서 그림을 묘사하는 키워드를 입력하여 그림을 제작하거나, 간단하게 그린 밑그림이나 다른 그림을 가지고 또 다른 그림을 그리거나 발전시키는 형식을 취하고 있다.

대화형 AI

최근에는 대화형 인공지능을 비즈니스에 활용할 수 있는 가능성도 대두되고 있다. 이와 관련하여 최근 상용화된 AI 기반의 서비스들 중에서 가장 많은 관심을 받고 있는 서비스는 챗GPTChatGPT이다. 웹사이트(chat.openAI.com/chat)를 방문하여 구글이나 네이버 검색처럼 검색창에 질의를 주고받는 방식으로 자유 주제에 대한 대화를 하거나 특정 문제에 대한 답안을 제시할 수 있다.

챗GPT는 구글의 모회사인 알파벳의 CEO가 직접 경계할 만큼 인터넷 검색의 방식을 근본적으로 바꾸고 있으며, 미국 하버드 대학의 MBA 시험에서 합격점을 받을만한 우수한 답변을 내놓은 것으로도 유명하다. 최근에는 검색 엔진 영역에서 구글의 그늘에 가려있던 마이크로소프트Microsoft는 챗GPT의 개발사인 오픈AIOpenAI에 이미 10억 달러 이상의 자금을 지원하였고, 자사의 검색 엔진인 빙Bing에 챗GPT을 탑재하여 인간과 유사한 대화 방식으로 정보 검색이 가능한 코파일럿Copilot 서비스를 제공하고 있다.

[그림 6-4] Bing의 Copilot

이후에도 챗GPT를 개발한 오픈AI는 빠른 속도로 핵심적인 AI 기술을 성장시켜왔다. 챗GPT 개발의 기본이 된 서비스는 지도형 인공지능인 InstructGPT이다. 이는 인간의 직접적 지도를 받는 HITLHuman-in-the-loop라는 방식의 강화 학습을 활용하여 성능이 비약적으로 향상된 AI이다. 오픈AI의 블로그에서 소개된 자료에 따르면 GPT-3.5 버전의 학습을 위하여 주어진 문제에 대하여 정답을 제시해주는 역할을 하는 학습 지도자인 데이터 라벨러데이터 가공을 위해 데이터에 라벨(label)을 붙이는 작업을 하는 사람에게 두 가지 임무를 요구하였다고 한다. 라벨러는 주어진 질문에 대하여 먼저 최적의 답변을 대신 써주거나, AI가 생성한 복수의 답변 중에서 어떤 답이 더 좋은 답안에 가까운지 점수나 순위를 평가하였다고 한다. 이런 반복적 과정은 챗GPT AI의 성능을 향상시키는 강화 알고리즘으로 알려져 있다.

6.4 AI 기반 업무 자동화 실습 – 챗GPT, 미드저니, 런웨이

AI 업무 자동화 실습 1 문서 작업

챗GPT의 특징

챗GPT는 자연어를 기반으로 질의응답이 가능하고 다양한 분야에 관한 전문적 답변을 할 만큼 잘 훈련된 AI 서비스 기반의 챗봇이다. 마치 인간에게 물어보듯 궁금한 것을 물어보면 사람처럼 답을 해준다. 이미 엄청난 규모의 텍스트 데이터들을 학습하였고, 지금도 끊임없이 학습하고 있기 때문에 유용한 수준의 답을 제공한다. 간단하게는 네이버나 구글 검색처럼 필요한 정보를 검색하는 수준에서 활용되기도 하지만 외국어 번역, 전문 문서의 작성, 전문적인 작문, 장문 텍스트의 요약, 유튜브 자막의 추출과 요약, 프로그램 코딩, 기술적 조언 제공 등 다양한 영역에서 응용이 가능하다. 새로운 챗GPT 서비스의 등장에 따라 네이버나 구글이 지배하던 검색 서비스의 시대가 지나가고 있다는 평가가 나올 정도이다. 이는 지금 인터넷 검색을 활용하여 비즈니스나 마케팅에 도움을 받고 있는 사람들이라면 누구나 챗GPT를 활용하여 더 높은 수준의 결과물을 얻을 수 있다는 의미이기도 하다.

다만 여전히 해결이 필요한 단점도 존재한다. 우선, 가치 판단이 필요한 일부 민감한 답변은 거부하도록 만들어진 AI 서비스라는 점이다. 예를 들어 범죄, 정치, 폭력 등 민감한 이슈에 대한 직접적 질의에는 답변을 거부할 수 있다. 그리고 아직 한국어로 학습한 데이터가 많지 않아서 한국어 질문에는 답변의 길이가 상대적으로 짧거나 간혹 엉뚱한 답변을 할 수도 있다. 이는 과거 구글 검색 포털이 경험한 것처럼 향후 이용자 증가와 데이터 축적을 통하여 해소될 문제이지만, 현재 수준에서는 가급적 영어로 질의 응답하는 것이 더 좋은 대답을 얻을 수 있다.

보다 주의가 필요한 문제는 머신러닝 기반의 AI 모델들이 공통적으로 보이고 있는 편향성의 문제이다. AI가 가급적 편향 없이 가치중립성을 유지하는 것처럼 보여도 결국 AI의 판단 기준이 되는 학습 데이터는 특정 인간이 만든 데이터들이기 때문에 선천적인 편향성으로부터 자유롭기 어렵다. 일부 민감한 질문들에 대해서는 개발진이 직접 개입하여 금지 사항 등의 가이드라인을 정하고 있지만 인위적 편향성 문제가 단기간에 극복되기 어렵기 때문에 논쟁의 여지가 있는 질문은 가급적 제외하고 지식 확인이나 사무적 답변을 이용하는 것이 바람직하다. 그리고 아무리 매끄러운 답변을 내놓더라도 그것이 항상 절대적 정의이거나 진실은 아니라는 점 역시 인지하면서 사용하여야 한다.

챗GPT 이용 방법

챗GPT는 현재는 무료로 사용이 가능하다. 다만 2023년부터 비즈니스 모델과 수익성 확보 차원에서 강화된 '챗GPT Plus' 서비스에 대해서는 유료로 제공하고 있다. 챗GPT는 오픈AI에서 개발하여 제공 중인 서비스이므로 서비스 이용을 위해서는 우선 오픈AI 홈페이지(chat.openai.com)를 방문하여야 한다. 이후 서비스 가입 과정에서 간단한 캡차CAPTCHA 인증이 필요하다. 가입은 자신의 이메일 주소를 활용하거나 구글이나 마이크로소프트에서 발급된 기존 계정으로도 가능하다.

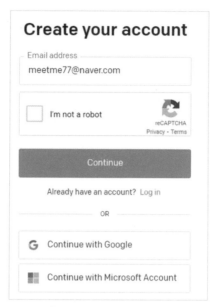

[그림 6-5] 챗GPT 계정 만들기

챗GPT에 가입하면 서비스 사용 예시 및 서비스의 기능과 제한 사항을 보여주는 첫 화면이 나타나며, 하단에는 챗봇과 질의를 할 수 있는 텍스트 입력 창이 나타난다. 제공된 기본 예시(Examples)처럼 만일 '퀀텀 컴퓨팅 단어에 대한 설명을 제공하라'고 이용자가 요청한다면 과거에 했던 질문을 기억하였다가 답변이 가능하다. 그러나 간혹 부정확한 답변을 제공할 수 있다. 또한 '10살짜리 아이의 생일을 기념할만한 창의적인 아이디어가 있는가'라고 물어본 경우에는 후속되는 질문들을 통하여 결과를 수정해나가는 것은 가능하지만, 가끔 10살 아이에게 해로울 수도 있는 답변을 할 가능성도 있다. 또한 부적절한 질문에는 답변을 거부할 수도 있으며, 특히 최근에 발생한 시사성 있는 문제에 대한 답은 지식이 부족하여 답변이 제한될 수 있다고 한다. 이들의 예는 챗GPT가 다양한 상황의 질문에 대하여 충분히 답할 능력이 있지만, 한계도 존재함을 보여준다.

[그림 6-6] 챗GPT 초기 화면

이미 구글이나 네이버 등 검색 엔진에 익숙하거나 카카오톡 등 채팅에 대한 경험이 있는 대부분의 사람들에게 챗GPT의 사용법은 어렵지 않을 것이다. 필요한 정보를 입력하면 검색 후 결과를 제시하는 기존 검색 포털과 기본적인 작동방식은 동일하다. 그러나 질문에 대한 답변은 매우 상이하다. 예를 들어 '비타민 C가 부족하면 생기는 문제점'을 질의한 경우에 구글 검색은 광고를 포함하여 비타민 부족에 대한 의학적 설명, 정부 정책 브리핑, 예방 방법, 신문 기사, 블로그 글 등 다양한 주제와 소스로 구성된 웹사이트의 검색 결과를 정리되지 않은 형태로 그대로 보여줄 것이다. 이 중에서 자신이 원하는 정보를 선별하는 것은 인간 이용자의 몫이다. 그에 비하여 챗GPT는 질의자의 의도에 맞는 필요한 답변을 정리하여 제시한다. 필요한 정보가 이미 AI에 의하여 선별되어 제공된 것이다. 이는 일반 포털 서비스와 챗GPT 서비스의 가장 큰 차이점이다.

[그림 6-7] 구글 검색으로 비타민 C 결핍 시 문제점을 검색한 결과

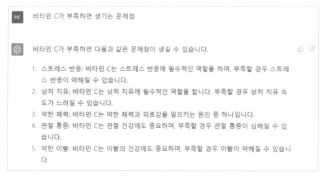

[그림 6-8] 챗GPT에 비타민 C 결핍 시 문제점을 질문한 결과

기본적으로는 영어로 질문하면 영어로 답을 하고, 한국어로 질문하면 한국어로 답을 한다. 다만 아직까지는 동일한 내용이라면 한국어로 질문한 경우보다는 영어로 질문한 경우에 보다 충실하고 보다 완성도 높은 답변을 기대할 수 있다. 한국어로 질의응답 하는 경우에는 처리 속도가 영어에 비하여 현저하게 느리고, 긴 답변의 경우에는 글자 수 제한에 걸려 중도에 잘리기도 한다. 보다 빠르

고 정확한 질의응답을 위해서는 영어 사용이 권장될 수 있다. 만일 영어로 질문하는 것이 익숙하지 않다면 네이버 번역이나 구글 번역 같은 자동번역기를 이용하여 한국어 질문을 입력한 후에 번역된 영어 질문을 챗GPT에게 물어보면 된다. 이들 번역기가 아직 완전무결한 수준의 번역을 제공하지는 못하지만, 챗GPT는 약간의 문법적 오류가 있더라도 이를 감안하고 질문의 내용과 문맥을 이해하는 능력이 있기 때문에 큰 문제가 되지 않는다.

 챗GPT를 더 강력하게 만드는 확장 앱들

챗GPT는 과거에는 존재하지 않았던 강력한 기능을 갖추고 있음에도 불구하고 아직 이용자 편의성에서는 아쉬운 점이 적지 않다. 이를 보완하고 더 유용하고 재미있게 사용할 수 있는 다양한 방법이 있다. 구글 크롬이나 MS 엣지 브라우저를 사용 중이라면 챗GPT의 사용성을 획기적으로 높여주는 다양한 확장 프로그램을 설치하는 것이다. 확장 프로그램들은 크롬 웹스토어(https://chrome.google.com/webstore)에서 설치할 수 있으며, 이 중 도움이 될만한 것들을 일부 소개하면 다음과 같다.

- Talk-to-ChatGPT

음성 인식 기술을 활용하여 챗GPT에게 자신의 음성으로 질문할 수 있고, 챗GPT 역시 음성으로 대답해줄 수 있다. 이를 통하여 챗GPT는 훌륭한 원어민 영어 선생님이 될 수 있다. 유사한 확장 프로그램으로 Voice Control for ChatGPT 등도 이용 가능하다.

- 프롬프트 지니

챗GPT는 영어 환경에서의 사용에 최적화되어 있기 때문에 가급적 영어로 질의하고, 응답 결과도 영어로 받은 이후에 번역하는 것이 정보 품질이 더 뛰어나다. 구글 번역, 파파고 혹은 챗GPT에서 번역하여 활용할 수도 있지만, 프롬프트 지니는 한국어-영어 간 질의응답을 실시간 번역해준다.

- YouTube Summary with ChatGPT

챗GPT를 활용하여 유튜브 영상을 글로 요약할 수 있다. 영상 시간과 더불어 자막을 자동으로 추출해준다.

- Search_support

인터넷 검색 중 정보검색이 필요한 부분을 블록으로 지정한 후 바로 검색할 수 있다.

ChatGPT에 대한 관심이 증가하면서 소개한 것 외에도 다양한 확장 프로그램들이 빠른 속도로 속속 등장하고 있다. 크롬 웹스토어를 방문하여 도움이 될만한 확장 앱들을 직접 확인해보자.

챗GPT에서 좋은 답변 얻기

한국어나 영어 같은 자연어로 이야기하듯 대화형으로 이루어지는 AI 서비스의 특성상 어떤 질문이든 자유롭게 물어볼 수 있으며, 챗GPT는 이에 대한 최선의 답안을 제시할 것이다. 그러나 이와 같은 채팅형 서비스들의 특성은 명확하고 이해하기 쉬운 질문일수록 더 좋은 답변을 제시한다는 점이다. 즉, 좋은 질문을 할수록 양질의 정보를 창출해준다. 이에 따라 챗GPT를 보다 잘 이용하기 위하여 좋은 질문을 잘하는 방법들에 대하여 많은 의견들이 제시되고 있다. 그중에서 일부는 충분히 눈여겨볼만하다.

첫째는 챗GPT에게 특정한 역할을 수행하도록 먼저 요청하는 방법이다. 쉽게 생각하면 인간이 인간과 대화할 때 '만약 네가 OO라면...'라고 가정법을 활용하여 대화하는 형태이다. 이 기법은 챗GPT에게 특정 분야에 대하여 전문가로서 답변을 요청한다는 것을 의미하며, 대화를 더욱 깊이 있고 현실감 있게 이끌어낸다. 예를 들어 자동으로 자바스크립트 코딩을 수행하게 만들고 싶다면 '나는 네가 자바스크립트 콘솔 역할을 해주기를 바란다'라는 문장을 먼저 제시하고, 이후 구체적인 임무를 제시할 수 있다. 혹은 '나는 네가 관광 가이드이기를 바란다. 일본 후쿠오카의 3일짜리 여행 일정을 만들어라'라는 문장을 준 다음 본격적인 질문을 하는 것이 더 양질의 결과물을 낼 수 있을 것이다. 이처럼 AI인 챗GPT에 특정한 전문가 역할을 담당하도록 지정하는 것만으로도 답변은 보다 상세하고 자세해진다.

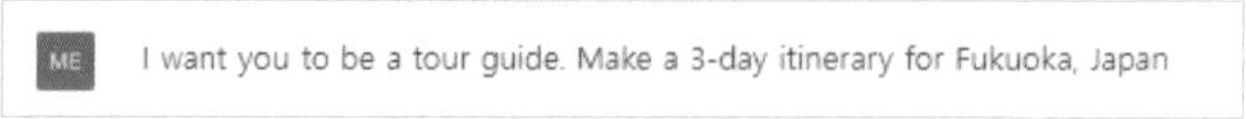

> ME   I want you to be a tour guide. Make a 3-day itinerary for Fukuoka, Japan

[그림 6-9] Act as 프롬프트 주기

둘째, 챗GPT는 대화형 챗봇이므로 한 번의 질문만으로 정보 획득을 멈추지 말고 계속되는 추가적 질의로 답변을 개선시켜 나가야 한다. 소크라테스가 끊임없는 질문을 던져서 깨달음을 얻을 수 있다고 주장한 바처럼 AI도 지속적인 대화를 통하여 지식의 결과물을 개선시켜 나가고 아이디어를 발전시킨다. AI가

그림을 그려주는 미드저니 같은 프로그램도 이용자가 원하는 그림을 최초로 제시한 이후에 전체적인 분위기나 톤, 이미지 등에 대하여 계속 대화를 이어가면서 완성도를 높이는데, 챗GPT도 동일하게 작동한다. 챗봇은 그 이전에 이루어졌던 대화의 내용을 기억하고 이에 적합한 답변을 연결하여 제시하므로 더 좋은 결과를 얻을 수 있다.

지금까지 개발된 과거의 자연어 처리 기반 시스템들은 이런 일련의 연속적인 대화를 해나가는 것이 어려운 과제였지만, 챗GPT는 이를 매우 잘 처리하고 있다. 예를 들어 '나는 네가 관광 가이드이기를 바란다. 일본 후쿠오카의 3일짜리 여행 일정을 만들어라'라는 질문으로 답변을 얻은 후에 보강이 필요한 부분이 있다면, 앞서 한 질문에 이어서 좀 더 세부적인 답변을 원하는 질문을 하면 된다. 챗GPT는 질문의 맥락에 맞춰 대답하기 때문에 방금 물은 질문을 또다시 할 필요가 없다. 이를테면 '2일차 여행 일정을 보다 상세히 설명해달라'고 요청한다면 챗GPT는 기꺼이 해당 일정에 대해 상세하게 안내를 할 것이다.

ME   Please provide more detailed information about the 2nd day itinerary

[그림 6-10] 연속 질문으로 프롬프트 주기

챗GPT의 다양한 활용

챗GPT를 업무에 활용하는 방법은 아직 다 밝혀지지 않았을 정도로 무궁무진하다. 이용자의 상상력에 따라서 과거 업무의 상당 부분은 자동화되거나 단순화될 것이다. 예를 들어 주어진 목적이나 배경에 맞게 짧은 소설이나 이야기를 작성하는 것도 가능하다. 파이썬 코드를 짜서 웹사이트를 긁어오는 리서치를 자동화하는 것도 가능하고, 복잡하고 긴 자료나 책을 요약하여 요약된 결과만을 제시하게 만들 수도 있다. 또한 해외 고객사와 영문 이메일 서신이 잦은 무역 업무 역시 메일 글 작성의 자동화가 가능하며, 타인에 대한 추천서 등 필요한 양식이나 교육 자료 등 다양한 분야에서 활용이 가능할 것이다. AI의 다양성을 활용하는 것은 인간의 상상력 영역의 몫일지도 모른다.

챗GPT를 리눅스 가상 터미널로 활용하는 방법을 상상해보자. 다음과 같이 명령어 프롬프트를 입력하면 챗GPT는 마치 리눅스 가상 서버처럼 작동할 것이다.

> "너는 지금부터 리눅스 터미널처럼 행동해야 한다. 나는 리눅스 명령어를 입력할 것이고, 너는 리눅스 터미널이 명령을 수행하는 것처럼 응답하여야 한다. 너는 하나의 리눅스 코드 블록처럼만 행동해야 하고, 그 어떤 부가적인 설명도 글로 표현해서는 안 된다. 내가 입력할 첫 번째 명령어는 pwd이다."

챗GPT를 이용하여 논문을 작성하는 방법을 상상해보자. 다음과 같은 명령어 입력만으로 챗GPT는 대학원생처럼 활동할 것이다.

> "너는 마케팅을 연구하는 학술 연구자이다. 고객 만족이 구매에 미치는 영향에 대하여 학술적 논문을 작성하라. 단, 모든 주장에는 주장의 근거가 되는 선행 연구들을 미국심리학회(APA) 방식으로 주석을 달아야 한다. 그리고 글의 마지막 부분에는 사용한 참고문헌을 APA 형식으로 별도로 정리하여 제시하라."

물론 모든 상상을 현실로 만들어 주지는 않지만, 기대 이상의 답변을 줄 것이다.

이제 상상에서 벗어나서 실제로 챗GPT를 비즈니스에 활용 가능한 사례들을 보자. 첫 번째로, **프로그램 코딩 업무에 적용**할 수 있는 방법이다. 사용자의 추상적인 프로그램 코딩 요구를 분석하여 C++, 자바스크립트, 파이썬 등 다양한 언어로 목적에 적합한 코드로 변환할 수 있다. 특정 변수값이나 임베디드의 경우 포트 번호 등 부가적인 요구사항들도 요청하면 이를 반영하여 코드를 작성해준다. 코딩 자동화는 정서나 가치 판단이 개입될 필요가 없는 기능적 요구들이므로 비교적 신속하고 정확하게 의도한 대로 이루어질 수 있다. 또한 코딩의 신규 작성뿐만 아니라, 이미 수작업으로 작성된 프로그램 코드가 있다면 이를 입력한 후 챗GPT에 의한 검토 및 수정 사항만 확인하는 디버깅 과정도 가능해지며, 특정 웹사이트를 크롤링하는 웹 크롤러도 쉽게 제작할 수 있다. 챗GPT와의 대화를 통하여 코딩의 완성도를 높이기 위한 추가적 요구를 대화식으로 진행할 수도 있는데, 향후 미래에 챗GPT의 완성도가 높아진다면 단순한 코딩 작업 자체가 불필요해질 가능성도 있다.

자동으로 코딩을 작성하는 예를 제시해보자. 챗GPT에 의한 코딩은 프로그램에 대한 설명이 구체적일수록 완성도가 높아지므로, 요구사항을 명확하게 제시하고 가급적 챗GPT가 더 높은 이해력을 보이는 영어 문장으로 요청하는 것이 좋다. 영어 문장 번역이 어려운 경우 네이버나 구글 번역 등 자동 번역 프로그램을 활용하여도 무방하다. 우선 어떤 언어를 배워도 보통 책에서 가장 먼저 학습을 시작하게 하는 'Hello World?'라는 문구를 출력하는 코딩을 예로 제시해보자. 파이썬, C++, 자바스크립트 등 다양한 프로그래밍 언어로 손쉽게 코딩 결과물이 제시된다.

[그림 6-11] 챗GPT로 코딩하기

이를 응용하여 보다 복잡한 프로그램 코딩도 가능하다. 예를 들면 챗GPT에 엑셀 데이터를 업로드하고 파이썬으로 데이터 분석을 해달라고 요청하거나 특정 프로그램 언어로 필요한 결과물을 설명한다면 챗GPT는 자동으로 결과물을 작성하여 줄 것이다.

다음은 챗GPT에 데이터베이스에 간단한 SQL 질의query를 하는 방법을 요청한 예이다.

Act as a SQL programmer. Your database has fiedls such as user id, registration data, credit card, purchase record, purchase amount, age, gender, location, family informatiom. Make a SQL query to find a customer who buy christmas gift for her daughter in Seoul city.

(SQL 프로그래밍으로 사용자 id, 신용카드 구매기록, 구매금액, 구매자 연령, 성별, 집 주소, 가족 정보가 있는 데이터베이스를 검색해서, 서울에서 자신의 딸을 위하여 크리스마스 선물을 구매한 구매자 정보를 확인할 것)

챗GPT는 다음과 같은 데이터베이스 쿼리 결과를 자동으로 즉석에서 제시해준다. 챗GPT가 제시한 SQL 질의문에서 'your_table_name' 항목만 실제 자신이 운영하는 데이터베이스의 테이블 이름으로 교체하면 목적한 결과물이 도출될 것이다.

```sql
SELECT user_id, registration_date, credit_card, purchase_record,
purchase_amount, age, gender, location, family_information
FROM your_table_name
WHERE purchase_record LIKE '%Christmas%' -- Check if the purchase
record contains the word "Christmas"
   AND purchase_record LIKE '%gift%' -- Check if the purchase record
contains the word "gift"
   AND family_information LIKE '%daughter%' -- Check if the family
information contains the word "daughter"
   AND location = 'Seoul' -- Check if the location is Seoul city
```

챗GPT의 잠재성은 코딩에 국한되지 않으며, **글쓰기**에도 활용이 가능하다. 챗
GPT는 인간 이용자가 제시한 간단한 지시 내용을 분석하고, 이후 나머지 뒷부
분은 스스로 상상하여 자신만의 스토리를 자동 생성할 수 있는데, 이런 기능을
이용한다면 짧은 시간 내 다수의 자동화된 블로그 글쓰기를 지원할 수 있다. 아
래는 삼성전자가 판매하는 노트북 모델(NT550XDA)에 대한 자동화된 블로그 글
의 실제 예이다. 해당 질문은 한글로 작성한 후 구글 번역기를 활용하여 영어로
번역하고 챗GPT에 요청하였다.

[그림 6-12] 입력 프롬프트의 구글 번역

이를 입력하였을 때 챗GPT는 실제 노트북의 사양과 성능을 참조하여 다음과
같은 블로그 포스팅 글을 순식간에 작성하였다. 본 글에 대한 영문 답변을 다시
번역기를 통하여 제공하면 다음과 같다. 자체적인 검색을 통하여 해당 노트북
모델의 CPU, 램 등 사양에 대한 정보가 정확하게 입력되어 있는 것을 볼 수 있
다. 블로그 글쓰기를 요청한 내용 중에서 구매 가능한 웹사이트 주소만 실제 주
소로 교체하면 매우 훌륭한 제품 소개 블로그 글이 순식간에 작성되는 것을 볼
수 있다.

> 새로운 Samsung Electronics NT550XDA 노트북을 소개합니다. 일과 여가를 위한
> 궁극의 장치입니다.
>
> NT550XDA에는 최고의 성능과 사용자 경험을 제공하기 위해 최신 하드웨어와 소
> 프트웨어가 장착되어 있습니다. 이 노트북은 강력한 10세대 Intel Core i7 프로세서,
> 16GB RAM 및 512GB SSD 스토리지를 갖추고 있습니다. 이러한 하드웨어 조합을
> 통해 노트북은 가장 까다로운 작업도 쉽게 처리할 수 있습니다.

NT550XDA에는 놀라운 비주얼과 선명한 색상을 제공하는 15.6인치 풀 HD 디스플레이도 장착되어 있습니다. 이 디스플레이는 또한 눈의 피로를 줄이고 장시간 사용에 이상적인 눈부심 방지 기술을 갖추고 있습니다. 또한 이 노트북에는 부드럽고 빠른 비주얼을 제공하는 NVIDIA GeForce MX450 그래픽 카드가 있어 게임 및 비디오 편집에 적합합니다.

NT550XDA의 가장 인상적인 기능 중 하나는 배터리 수명입니다. 노트북은 한 번 충전으로 최대 10시간 동안 사용할 수 있으므로 배터리 부족에 대한 걱정 없이 이동 중에도 휴대할 수 있습니다.

NT550XDA는 또한 백라이트 키보드와 대형 터치패드로 훌륭한 사용자 경험을 제공합니다. 키보드는 사용하기 편하고 터치패드는 반응이 빠르고 정확합니다. 랩탑에는 추가 보안 및 편의성을 위한 지문 스캐너도 있습니다.

사용자는 NT550XDA의 성능과 디자인에 깊은 인상을 받았습니다. 한 사용자는 "내 NT550XDA가 마음에 듭니다. 빠르고 배터리 수명이 길고 디스플레이가 아름답습니다. 저는 업무용으로 사용하며 큰 투자를 했습니다."라고 말했습니다. 또 다른 사용자는 "NT550XDA를 게임용으로 써봤는데 신기했다. 그래픽도 부드럽고 키보드도 사용하기 편하다. 적극 추천한다"고 말했다.

Samsung Electronics NT550XDA는 현재 999.99달러에 구입할 수 있습니다. 저희 웹사이트 [웹사이트 주소]에서 구입하실 수 있습니다. 오늘날 시중에서 가장 우수한 노트북 중 하나를 소유할 수 있는 기회를 놓치지 마십시오.

블로그 글뿐만 아니라 복잡한 보고서의 목차를 작성하거나 포함되어야 하는 주요 내용들을 점검하는 목적에도 이용이 가능하다. 이미 미국에서는 많은 대학생들이 리포트 작성을 위하여 챗GPT를 활용함에 따라서 문제가 되고 있는데, 리포트와는 다르지만 비즈니스 분야에서도 필요한 사업 보고서의 목차를 작성하여 대략적인 보고서 작성 방향을 설정할 수도 있다. 예로, 마케팅 기획자는 MZ 세대를 타겟 고객으로 설정한 신제품 마케팅 보고서의 목차를 포함한 대략적인 아웃라인을 요청할 수 있으며, 이에 적합한 보고서 목차를 알려줄 것이다. 실제로 제시된 유사한 질문에 대하여 챗GPT가 송출한 답변을 참조해보자. 실제로 비즈니스 현장에서 사용되는 모범적인 보고서의 목차가 잘 제시되고 있는 것을 확인할 수 있다.

ME Write an outline of a marketing report to target the MZ generation market for new health functional foods.

1. Introduction   👍 👎
   * Overview of the MZ generation market
   * Importance of health functional foods in the MZ generation market
   * Purpose of the report
2. Market analysis
   * Demographic information on the MZ generation
   * Health and wellness trends among the MZ generation
   * Current market size and growth potential for health functional foods
   * Competitive analysis of existing products and brands in the market
3. Consumer research
   * Results from surveys and focus groups conducted on MZ generation consumers
   * Attitudes and behaviors towards health functional foods
   * Identifying unmet needs and pain points in the market
4. Product development and positioning
   * Description of the new health functional food product
   * Unique selling points and benefits of the product
   * Suggested pricing strategy and packaging design
   * Proposed positioning and messaging for the product
5. Marketing and distribution strategy
   * Targeted marketing and advertising strategies
   * Sales and distribution channels
   * Key performance indicators and metrics for measuring success
6. Conclusion
   * Summary of key findings and recommendations
   * Future research and market potential for the new health functional food product
7. References
   * List of sources used for research and analysis in the report.

[그림 6-13] 마케팅 보고서 목차 생성

만일 특정 목차에 대하여 조금 더 자세히 조언을 받고 싶다면 해당 내용에 대한
추가 질의를 할 수 있을 것이다. 예를 들어 보고서 목차 중 제시된 목표시장과
광고 전략(Targeted marketing and advertising strategies)에 대하여 보다 자세한 내
용을 덧붙이고 싶다면 추가 질의를 할 수 있을 것이다.

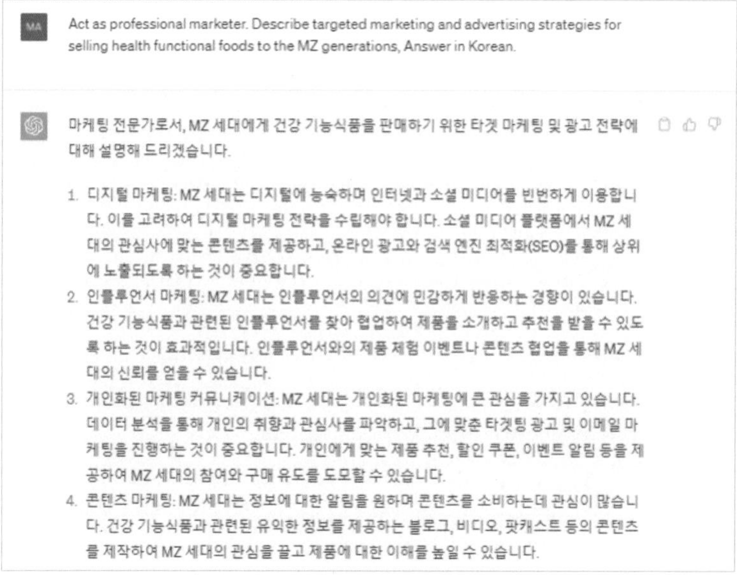

Act as professional marketer. Describe targeted marketing and advertising strategies for selling health functional foods to the MZ generations, Answer in Korean.

마케팅 전문가로서, MZ 세대에게 건강 기능식품을 판매하기 위한 타겟 마케팅 및 광고 전략에 대해 설명해 드리겠습니다.

1. 디지털 마케팅: MZ 세대는 디지털에 능숙하며 인터넷과 소셜 미디어를 빈번하게 이용합니다. 이를 고려하여 디지털 마케팅 전략을 수립해야 합니다. 소셜 미디어 플랫폼에서 MZ 세대의 관심사에 맞는 콘텐츠를 제공하고, 온라인 광고와 검색 엔진 최적화(SEO)를 통해 상위에 노출되도록 하는 것이 중요합니다.

2. 인플루언서 마케팅: MZ 세대는 인플루언서의 의견에 민감하게 반응하는 경향이 있습니다. 건강 기능식품과 관련된 인플루언서를 찾아 협업하여 제품을 소개하고 추천을 받을 수 있도록 하는 것이 효과적입니다. 인플루언서와의 제품 체험 이벤트나 콘텐츠 협업을 통해 MZ 세대의 신뢰를 얻을 수 있습니다.

3. 개인화된 마케팅 커뮤니케이션: MZ 세대는 개인화된 마케팅에 큰 관심을 가지고 있습니다. 데이터 분석을 통해 개인의 취향과 관심사를 파악하고, 그에 맞춘 타겟팅 광고 및 이메일 마케팅을 진행하는 것이 중요합니다. 개인에게 맞는 제품 추천, 할인 쿠폰, 이벤트 알림 등을 제공하여 MZ 세대의 참여와 구매 유도를 도모할 수 있습니다.

4. 콘텐츠 마케팅: MZ 세대는 정보에 대한 알림을 원하며 콘텐츠를 소비하는데 관심이 많습니다. 건강 기능식품과 관련된 유익한 정보를 제공하는 블로그, 비디오, 팟캐스트 등의 콘텐츠를 제작하여 MZ 세대의 관심을 끌고 제품에 대한 이해를 높일 수 있습니다.

[그림 6-14] 추가 질문으로 정보 획득

그렇다면 정보보다는 창의성이 필요한 업무들에도 적용이 가능할 것인가가 궁금해진다. 결론부터 말하자면 챗GPT는 이제 광고나 브랜딩 같은 창의성이 필요한 업무에서도 좋은 조력자로 활용될 수 있다. 챗GPT는 동일한 질문을 반복적으로 질문하더라도 매번 다소 다른 답변을 제시해주며, 특허 관련 데이터베이스 등과의 연동된 검색 결과를 보여준다. 이런 특성을 이해하면 광고, 브랜드 개발 등 크리에이티브가 필요한 영역에서도 훌륭한 보조 도구로 활용이 가능하다.

다음은 미국 특허청에 등록되지 않은 브랜드 명칭 중에서 건강기능식품에 적합한 브랜드 명칭을 하나 만들어줄 것을 임의로 요청한 예이다. 처음에는 'NourishWell'이라는 특허 등록이 가능한 브랜드 이름을 제시하여 주었으나, 추가적인 질의를 통하여 'VitalityFuel'이라는 새로운 브랜드 네임을 제시해주고 있다. 또한 단순한 브랜드명을 제시하는 것에 대하여 각 브랜드가 의미하는 바에 대한 설명도 제안하고 있다.

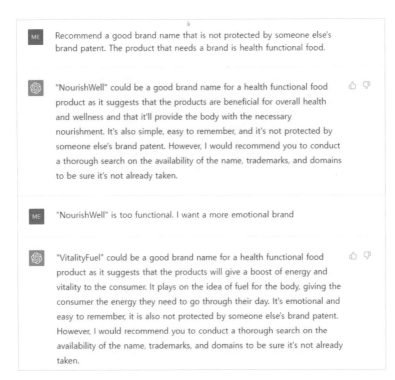

ME Recommend a good brand name that is not protected by someone else's brand patent. The product that needs a brand is health functional food.

"NourishWell" could be a good brand name for a health functional food product as it suggests that the products are beneficial for overall health and wellness and that it'll provide the body with the necessary nourishment. It's also simple, easy to remember, and it's not protected by someone else's brand patent. However, I would recommend you to conduct a thorough search on the availability of the name, trademarks, and domains to be sure it's not already taken.

ME "NourishWell" is too functional. I want a more emotional brand

"VitalityFuel" could be a good brand name for a health functional food product as it suggests that the products will give a boost of energy and vitality to the consumer. It plays on the idea of fuel for the body, giving the consumer the energy they need to go through their day. It's emotional and easy to remember, it is also not protected by someone else's brand patent. However, I would recommend you to conduct a thorough search on the availability of the name, trademarks, and domains to be sure it's not already taken.

[그림 6-15] 브랜드 개발 프롬프트

브랜드 작업은 물론이고 창의적인 광고 제작의 시사점도 얻을 수 있다. 예를 들어 챗GPT에게 아동을 위한 광고를 만들 때 어떤 크리에이티브 전략이 적합한지 광고 제작의 소구점에 대한 질문을 제시하였다. 이에 대하여 챗GPT는 즐거운 음악이나 우유를 의인화한 슈퍼 히어로의 모델 활용 혹은 어린이 동년배 모델을 광고 모델로 활용할 것을 제안하고 있다. 결정적인 지혜를 제시하는 것은 아니지만 실무자라면 누구나 다각적으로 생각해 볼만한 포인트를 제시한다는 점에서 브랜드나 광고 등 창의성이 필요한 부분에서도 챗GPT는 유용하다고 생각된다.

I'm trying to make an advertisement for milk that children like. What creative strategy would you recommend?

One creative strategy that could be used to make an advertisement for milk that appeals to children is to use humor and playfulness. This can be achieved by using animated characters, colorful graphics, and catchy music. The ad could tell a story that features the characters going on an adventure and overcoming obstacles, all while consuming milk and reaping the benefits of its nutritious properties. It could also include a catchy slogan that is easy for children to remember.

Another strategy could be to use the appeal of superheroes, by associating the milk with the qualities of a superhero such as strength, energy, and health. You could create a cartoon character that represents the benefits of drinking milk and have it appear in different scenarios like saving the day or overcoming challenges.

Another strategy could be to use real children as the stars of the ad, showing them having fun while drinking milk and emphasizing the benefits that milk provides to their growth and development. This can create an emotional connection with the target audience, as children can see themselves reflected in the ad and relate to it.

It's also important to consider where the ad will be shown, as different platforms have different audiences and therefore, a different approach should be taken. For example, if the ad is going to be shown on TV, it's important to make it visually engaging and memorable, whereas if it's an ad on social media, it should be more interactive and personalized.

Ultimately, the key is to make the ad relatable and enjoyable for the target audience, while still effectively communicating the benefits of drinking milk.

[그림 6-16] 광고 제작 프롬프트

[AI 업무 자동화 실습 2] **디자인 콘텐츠 작업**

미드저니 이용 방법

최근에는 기존의 회화, 웹툰, 이미지 등 인간의 작업물을 머신러닝한 후 자동으로 그림을 그려주는 그림 AI들이 다수 등장하고 있다. 가장 화제가 되는 서비스 중 하나인 미드저니를 중심으로 사용법을 간략히 살펴보자. 미드저니는 홈페이지(www.midjourney.com)를 방문 후 가입하여 사용하거나 채팅 서비스 앱인 디스코드Discord의 이용자라면 바로 시작할 수 있다. 만일 디스코드로 로그인하였다면 앱의 좌측 채널에 미드저니 채널이 돛단배 모양의 아이콘으로 표시된다. 채널을 선택하면 다양한 대화방이 화면 좌측에 표시되는데 이 중에서 'Newbies'라고 적힌 여러 곳의 방 중 하나에 아무 곳이나 입장한다. 입장 후에는 다른 사용자들이 그린 그림들을 둘러볼 수 있으며, 이후 화면 맨 아래쪽의 채팅창에 **/imagine** 명령어를 누르면 프롬프트(prompt) 화면이 나온다. 이후 채팅창에 자신이 원하는 그림의 이미지를 영문 텍스트로 입력하면 그 내용을 바탕으로 묘사된 4장이 제시된다.

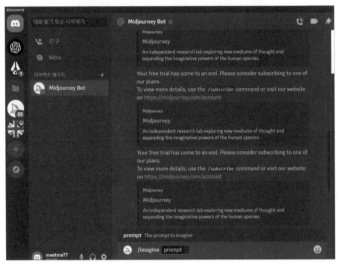

[그림 6-17] 디스코드 앱을 통한 접속

제시된 그림 후보안 밑에는 U 버튼과 V 버튼이 존재한다(그림 6-18 참조). U 버튼은 향상Upscaling을 의미하며 선택한 그림의 해상도를 높여준다. 반면 V 버튼은 변형Variation을 의미하며 선택한 그림의 또다른 버전을 보여준다. 사용자는 그림 바로 밑에 제시된 V1 ~ V4의 버튼을 눌러서 그림의 다른 버전들을 확인하여 더 마음에 드는 최적의 이미지를 고른다. 만일 V1 버튼을 선택하면 V1의 그림 스타일을 활용하여 다시 변형하여 그림을 그리라는 의미이다. V3의 스타일이 더 마음에 들면 단지 V3를 누르는 것만으로도 유사한 그림을 다시 그려준다. 이때 수정이 필요하다면 프롬프트를 수정해서 입력할 수도 있다. 이런 조정 과정을 통하여 그림을 선택하고 최종적으로 원하는 그림이 나오면 U 버튼을 통하여 고해상도로 만들면 작업이 종료된다. 전반적인 노코드로 그림이 완성되는 데 1분 남짓이면 족하다.

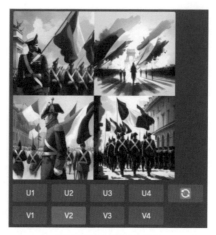

[그림 6-18] U 버튼과 V 버튼

아래쪽은 미드저니에 '야시장에서 다양한 상품을 내놓고 장사를 하고 있는 강아지 상인(A dog vendor selling various products at the night market)'이라는 추상적인 제시어를 입력해 나온 결과이다. 미드저니는 4장의 후보 그림들을 그려주었으며, 이 중에 가장 마음에 드는 그림의 하나를 해당되는 V 버튼으로 선택하여 자동으로 그림을 생성해주었다. 만일 회화체 그림이 아니라 요즘 유행하는 웹툰 그림체를 원한다면 '웹툰 스타일로 그려달라'라는 추가 요청을 포함하여 질의하면 된다.

[그림 6-19] 최종 업스케일 작품

그림 AI들 간에도 개성이 존재한다. 전반적으로 일반적인 회화체는 미드저니, 웹툰 스타일의 그림체는 노벨AI가 보다 좋은 결과를 제시하는 것으로 알려져 있다. 처음 이용할 때는 회원 가입 시 제공되는 무료 용량으로 사용할 수 있지만, 그 이후에는 크레딧을 구매하는 등 약간의 비용 지급이 필요하다.

AI 업무 자동화 실습 3 **영상 콘텐츠 작업**

창작자를 위한 런웨이

지금까지 제시한 그림 AI들의 상업적 활용 가치는 크다. 우선 다양한 포맷과 분위기, 그리고 높은 완성도를 가진 이미지를 순식간에 만듦으로써 디자인 전문 인력에 대한 의존성을 줄이고, 기존 이미지 디자인에 들어가는 시간과 비용의 절감이 기대된다. 또한 이미지 제작에서 항상 점검해야 되는 저작권 문제로부터도 어느 정도 자유로울 수 있다. 수백만 편의 작품들을 머신러닝으로 학습한 미드저니나 노벨AI가 만들어낸 그림들이 타인의 저작권을 침해한 것인가에 대한 논쟁은 여전히 존재하지만, 대부분은 저작권 문제를 우회할 수 있을 것으로 판단하고 있다. AI 화가로 그린 그림은 사실상 이용자의 의도에 따라 각기 다른 그림을 그려주며, 똑같은 그림이 존재하지 않기 때문이다.

그러나 이런 AI 화가 프로그램들이 유용한 마케팅 이미지 창출의 소스가 될 수 있지만 디자인 이미지 작업들을 자동화하기에는 다소 제한적일 수 있다. 디자인 작업들은 이미지 생성 외에도 편집, 누끼 따기, 동영상 동작 추적 등 다양한 기능들이 요구되기 때문이다.

이런 목적에 부합하는 종합적인 디자인 업무 지원 자동화 AI가 있다. 바로 미국의 AI 서비스 개발업체인 런웨이가 개발한 AI 서비스 플랫폼 런웨이Runway이다. 런웨이는 사전에 훈련된 오픈 소스 기반의 머신러닝 모델을 활용하여 이미지 제작, 동영상 편집과 같은 창의적 업무를 손쉽게 이용할 수 있는 플랫폼 서비스이다. 런웨이에서 자동적으로 제작되는 이미지 작업 결과물은 잘 알려진 전문 그림 AI인 미드저니나 노벨AI에 비하면 다소 약하지만, 디자인 이미지 작업을 보조하는 도구들을 폭넓게 제공함으로써 높은 편의성을 갖추었다.

런웨이 가입 및 둘러보기

런웨이가 무엇인가는 런웨이의 홈페이지 초기화면에 잘 정리되어 있다. 홈페이지(www.runwayml.com)에 접속하면 '당신이 원하는 모든 것을 만들기 위해 필요한 모든 것(Everything you need to make anything you want)'라는 브랜드 슬로건이 반겨준다. 다양한 AI 기반 도구들을 올인원All-in-one 형태로 제공하고 있으며, 별도의 설치 파일 다운로드나 운영체제의 제약 없이 웹상에서 간단한 가입 절차와 가입 이메일의 인증 절차 이후 모든 서비스의 이용이 가능하다.

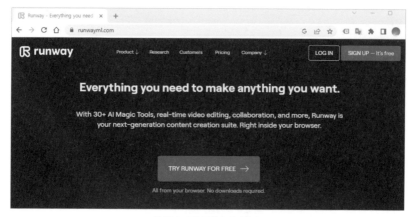

[그림 6-20] 런웨이 초기화면

요금제는 사용량에 따라 무료 혹은 유료 요금제 선택이 가능하며, 처음 테스트를 위해서는 가입 시 무료로 제공되는 용량을 사용해볼 수 있다. 개인 유료 요금제는 월 12$ 수준이며, 팀 단위 요금제는 월 28$에서 시작한다.

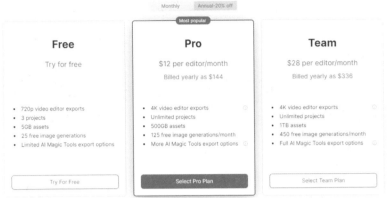

[그림 6-21] 런웨이 요금제 선택

런웨이가 지원하는 자동화 작업

런웨이의 자동화 도구들은 기본 제공 혹은 유료 제공으로 구분되다 보니 무료 버전에서는 사용이 제한되는 도구들이 있다. 본 도서에서는 런웨이가 제공하는 모든 자동화 도구를 간략히 설명하고 몇 가지 도구의 사용 예시를 첨부하였다. 자신의 상황에 적합한 도구를 찾아 이용하는 데 도움이 되길 바란다.

런웨이의 강점은 간편하고 직관적인 UI를 가졌고, 준수한 성능을 가진 도구로 다양한 분야에 활용할 수 있어 비전문가도 쉽게 사용 가능하다는 점이다. 런웨이가 지원하는 자동화 작업 도구를 직접 활용해보면 사용자 친화적임을 여실히 느끼게 될 것이라 생각한다. 그럼 런웨이가 제공하는 자동화 도구는 무엇이 있고 어떤 쓰임을 가지는지 살펴보자.

런웨이에 로그인하면 다음과 같은 화면이 보인다(그림 6-22 참조). 런웨이가 제공하는 도구의 기능은 크게 **오디오, 비디오, 이미지, 텍스트** 작업 자동화로 나눌 수 있으며 다양한 영역에 활용 가능하다.

[그림 6-22] 런웨이의 자동화 도구들

- **오디오 작업 자동화**(Edit Audio and Subtitles)

런웨이가 지원하는 오디오 작업 자동화 도구들은 다음과 같다.

도구	설명
Clean audio	불필요한 배경의 잡음을 자동으로 제거
Remove Silence	의도하지 않은 침묵을 제거
Transcript	비디오에 적합한 스크립트를 자동으로 작성
Subtitles	비디오에 적합한 서브 타이틀을 자동으로 생성

런웨이의 도구 사용법은 간단하다. 사용할 도구를 선택한 후 작업에 필요한 비디오, 이미지 또는 음성 파일을 검색하거나 마우스로 드래깅하면 도구가 자동으로 실행된다. 그리고 분석 결과에 대해 미세 조정이 필요한 경우에는 화면 우측에 관련 메뉴가 표시된다. 오디오 작업은 대부분 파일을 업로드하는 것만으로도 자동으로 적용된다.

예를 들어 영상 자막을 입혀야 한다면 Transcript 도구가 필요할 것이다. 해당 도구를 선택하면 다음과 같이 파일을 업로드하는 공간이 보인다.

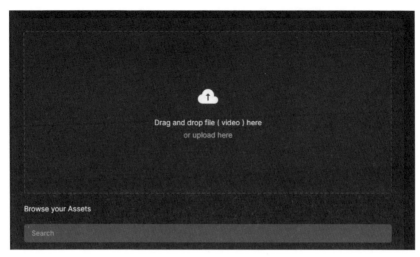

[그림 6-23] 파일 업로드 방식

동영상 파일을 업로드한 후 화면 우측의 메뉴에서 자막에 해당되는 언어 (Language)를 선택하고 **Generate**를 선택한다.

[그림 6-24] 자동 자막 제작

이후 화면은 동영상의 구간별 시간대와 자막이 제시된다. 이 자막에 이상이 없으면 화면 우측 메뉴의 **Download.srt**를 클릭하여 자막 파일(.srt)을 다운로드하고, 수정이 필요하다면 **Edit.srt**를 클릭하여 자막을 다운로드한 후 수정할 수 있다. 다만 자막 스크립트 작성이나 서브 타이틀 제작은 영어, 스페인어, 이탈리어 어, 독일어 등만을 지원하며 한국어 지원은 하지 않는다.

[그림 6-25] 자막의 수정

반면에 배경의 잡음 제거나 침묵 제거 기능은 언어와 관련 없이 유용하게 사용할 수 있다. 배경에서 들리는 불필요한 잡음을 제거하는 Clean Audio 기능은 단지 파일을 업로드한 후 화면 우측의 **Clean Audio**를 누르는 것만으로 작업이 완료된다.

[그림 6-26] 음소거 기능

■ 비디오 작업 자동화(Generate/Edit Videos)

런웨이가 지원하는 비디오 작업 자동화 도구들은 다음과 같다.

도구	설명
Gen-1: Video to Video	단어 입력 혹은 이미지 업로드를 기반으로 비디오 스타일을 변화시킴
Gen-2: Text to Video	입력한 프롬프트를 기반으로 적절한 비디오를 자동으로 생성
Frame Interpolation	일련의 이미지들을 비디오로 자동 변환 (이미지와 이미지 사이의 중간 이미지를 자동으로 생성하여 끊임없이 움직임이 이어지는 것처럼 만듦)

Remove Backgroud	비디오에서 불필요한 배경을 자동으로 제거하거나 비디오 배경을 다른 영상으로 대체
Inpainting	비디오에서 불필요한 사람이나 사물 등을 자동으로 제거
Color Grade (LUT)	단어 입력을 통하여 비디오의 색상 등급화
Super-Slow Motion	비디오 영상을 초슬로우 모션으로 변환
Blur Faces	특정 인문들을 자동으로 포착하고 그 인물의 얼굴을 블러 처리
Depth of Field	텍스트 묘사를 함으로써 손쉽게 컬러 필터를 생성
Scene Detection	특정 장면을 기준으로 비디오를 여러 클립으로 분할
Extract Depth	비디오의 깊이 지도(Depth Map)를 작성
Blur Background	비디오 배경을 자동으로 블러 처리
Motion Tracking	비디오의 특정 객체에 대한 모션 트래킹 추척 자동화

이처럼 다양한 비디오 작업 자동화 도구가 있는데 그중 Blur Faces의 사용 예를 간단히 설명하겠다. 우선 Blur Face의 기능을 좀 더 자세히 설명하자면, 촬영된 동영상에서 특정 인물의 얼굴에 블러Blur 효과를 주어 알아볼 수 없도록 처리하는 것이다.

 블러의 중요성

CCTV, 소셜 미디어 등을 통한 영상 공유가 확산되면서 뉴스, 법원 등 정부 기관 제출, 자료의 마케팅적 활용 등 다양한 목적으로 활용되고 있다. 소비가 빠르고 직관적인 정보를 얻을 수 있으며, 특히 정보 접근성이 우수한 점에서 영상은 정보 매체로써 강세를 보이고 있다. 그러나 한편으로 영상의 높은 정보 접근성으로 인해 가지는 위험 또한 존재한다. 그중 하나는 개인 정보와 같은 사생활의 노출이다. 사생활 침해를 방지하기 위한 방법은 여럿 있는데, 기술적으로 해결한다면 대부분 블러 처리를 이용한다. 과거에는 이 작업을 외부 전문기관에 위탁하는 경우 수십만 원에서 수백만 원에 이르는 적지 않은 편집 비용을 지불해야만 했다. 그러나 지금은 런웨이에서 간단한 과정을 거쳐 블러 처리 자동화가 가능하기에 비전문가도 충분히 해낼 수 있게 되었다.

Blur Face를 직접 적용해보자. 런웨이 홈화면 좌측의 **Edit Videos** → **Blur Faces** 메뉴를 찾는다.

[그림 6-27] Blur Faces 메뉴

편집을 원하는 비디오를 검색하거나 마우스로 드래깅한다. 그러면 비디오 파일이 자동으로 업로드되며 런웨이는 자동으로 비디오 속에서 등장하는 얼굴들을 찾아낼 것이다. [그림 6-28]은 업로드된 비디오 동영상 내의 모든 사람의 얼굴이 자동으로 가려진 모습이다. 블러는 동영상 비디오의 장면이 바뀌어도 계속 적용되는데, 만일 모든 사람의 얼굴을 블러 처리하는 것이 편집의 목적이라면 이 상태에서 **Blur**와 **Padding** 옵션을 적절히 조정한 후 **Export**를 클릭한다. **Blur**는 얼굴을 보여주는 블러의 투명도를, **Padding**은 블러 처리되는 면적의 넓이를 조정한다. 이후 비디오 포맷과 해상도를 지정하고 음성 포함 여부를 선택한 후 진행하면 작업이 완료된다.

[그림 6-28] 전체 Blur 결과물

그러나 보통은 모든 인물을 블러 처리 하지 않고 특정 인물만 블러 처리하는 경우가 많다(TV 뉴스에서 VJ의 얼굴은 유지하고 지나가는 행인들의 얼굴만 가리는 것처럼). 이러한 경우에는 화면 좌측의 **View mode → Detected Faces** 기능을 이용하면 된다. 이 기능을 선택하면 영상 속 사람들의 얼굴이 자동으로 검출되어 붉은 네모 박스로 자동으로 표시되고, 얼굴들이 화면 하단에 나열된다. (이 네모 박스는 블러 처리가 될 영역을 의미한다.) 블러 처리를 해제할 얼굴은 화면 하단에서 해당 얼굴을 선택하고 **Remove Face** 버튼을 클릭한다. 아래 예시는 가운데 노란 스웨터를 입은 남성의 얼굴에만 'Remove Face'를 설정하였고 붉은 네모 박스가 사라진 모습이다.

[그림 6-29] Blur 제외 대상 선택

이후 다시 화면 좌측의 **View mode**의 드롭다운 메뉴를 통하여 **Blurred**를 선택하면 원하는 형태로 블러 효과가 적용된 이후인 것을 볼 수 있으며, 최종적으로 **Export** 버튼을 클릭하여 원하는 결과물을 얻을 수 있다.

[그림 6-30] 선택적 Blur 결과물

■ **이미지 작업 자동화**(Generate/Edit Images)

앞서 살펴본 오디오/비디오 작업과 관련된 도구는 제외하고, 런웨이의 이미지 작업 자동화 도구들은 다음과 같다.

(※ Train your own Generator를 선택해야 하위 도구로 Train a Portrait/an Animal/ a Custom Generator 중 하나를 고를 수 있다.)

도구	설명
Train a Portrait Generator	문장 입력을 통하여 인물 초상화 이미지 제작 AI를 훈련할 수 있다. (1회 사용당 10$의 비용 지급이 필요)
Train an Animal Generator	문장 입력을 통하여 동물 이미지 제작 AI를 훈련할 수 있다. (1회 사용당 10$의 비용 지급이 필요)
Train a Custom Generator	문장 입력을 통하여 정물화나 기타 이미지 제작 AI를 훈련할 수 있다. (1회 사용당 10$의 비용 지급이 필요)
Text to Image	문장 입력(text to image)을 통하여 오리지널 이미지를 자동 생성
Image to Image	문장 입력을 통하여 이미지를 자동 변형

Infinite Image	상황 인식이 가능한 문장 입력을 통하여 기존 이미지를 다양한 맥락으로 확장
Expand Image	이미지의 화면비를 새롭게 조정할 수 있으며, 프롬프트 입력을 통해 이미지의 요소나 배경을 변형 가능
Erase and Replace	이미지의 특정 영역을 지우고 다른 이미지를 삽입하여 재구성
Backdrop Remix	사진에서 자동으로 주체와 배경을 구분하고, 배경 이미지를 다른 배경으로 변경하여 배경만 다른 다양한 이미지를 생성
Image Variation	원본 이미지를 변형하여 또 다른 이미지로 자동 생성 (변형된 이미지는 최대 4개까지 생성 가능)
Add Color	흑백 이미지를 컬러로 자동 채색 처리
Upscale Image	저해상도 이미지를 고해상도 이미지로 자동 처리

위 도구 중 몇 가지의 사용 예를 간단히 설명하겠다. 먼저 소개할 것은 문장 입력을 통해 원하는 이미지를 생성하는 도구들(위 표의 Train 도구 세 가지)이다. 이 도구들의 사용 방법은 미드저니와 동일한데, 화면 우측의 프롬프트Prompt 창에 원하는 이미지를 텍스트로 묘사함으로써 결과물을 얻을 수 있다. [그림 6-31]은 '태풍이 몰아치는 저녁 바닷가에 서 있는 한 소녀(A girl standing by the sea in the evening during a typhoon)'에 대한 답으로 런웨이가 제시한 결과물이다. 이 상태에서 이미지의 해상도Resolution나 비율Ratio을 설정할 수 있고, 결과물이 마음에 들지 않는다면 Number of Outputs에서 1~4까지의 번호 버튼이나 배치Batch 버튼을 클릭하여 최대 100가지의 다양한 추가 사본을 확인할 수 있다.

[그림 6-31] 이미지 생성 프롬프트

추가로 소개할 도구는 특정 사물의 배경을 다양하게 변경해주는 Backdrop Remix이다. 설명만으로는 기능을 이해하기 어려울 수 있으니 다음 작업 예시를 참고하면서 알아보자.

먼저 편집하고자 하는 이미지를 검색하거나 드래그하여 삽입한다. (이 사례에서는 빌딩 주차장에 주차된 자동차 회사의 콘셉트 모델을 사용하였다.)

[그림 6-32] 이미지 삽입

이제 이 사진의 배경을 자유롭게 변경해보자. Backdrop Remix 화면 우측 설정에 미리 준비된 사진 배경들을 선택하여 혼합하거나 자신이 원하는 배경을 직접 Text-to-image 형태로 프롬프트를 입력하여 만들 수 있다. 우선 준비된 배경을 그대로 사용해 혼합한 경우를 보겠다. [그림 6-33]은 준비된 배경 중 '산(Mountains)'을 선택하고 **Generate**를 클릭하여 여러 결과물을 만들어낸 모습이다.

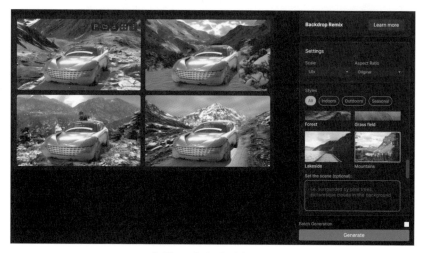

[그림 6-33] 백드롭 이미지 생성

마음에 드는 배경이 없다면 프롬프트를 입력하여 준비된 사진을 다소 변형하거나 직접 배경을 만들 수도 있다. [그림 6-34]는 화면 우측 설정의 Styles에서 **Custom**을 선택하고 '용과 번개의 위협을 받아 불타는 도로(A burning road threatened by dragons and thunder)'를 직접 입력하여 판타지풍의 배경을 묘사한 결과이다.

[그림 6-34] 백드롭 이미지 적용

■ 텍스트 작업 자동화

런웨이는 텍스트 작업 자동화 도구 또한 지원한다. 이에 해당하는 도구는 Train
a Generator, Text to Image, Image to Image, Infinite Image, Frame
Interpolation, Erase and Replace, Transcript, Subtitles 등으로 오디오/비
디오/이미지 작업과도 제각각 관련이 있다. 이들 텍스트 작업 자동화 도구들은
런웨이 기능 소개 시 소개한 바 있으며, 다른 기능들과 마찬가지로 간단한 조작
만으로도 원하는 결과를 얻을 수 있도록 구성되어 있다.

저자협의
인지생략

노코드 마케팅
업무 자동화

1판 1쇄 인쇄 2023년 7월 20일
1판 1쇄 발행 2023년 7월 25일

—

지 은 이 이원준
발 행 인 이미옥
발 행 처 디지털북스
정   가 17,000원
등 록 일 1999년 9월 3일
등록번호 220–90–18139
주   소 (03979) 서울 마포구 성미산로 23길 72 (연남동)
전화번호 (02) 447–3157~8
팩스번호 (02) 447–3159

—

ISBN 978–89–6088–432–8 (03320)
D–23–09